AF192570

9788416094783

INGLÉS,
EXPRÉS!

EL INGLÉS
QUE NECESITAS,
EN MENOS DE
20 HORAS

Concepto original: Richard Brown y Rubén Palomero

Autores: Richard Brown y David Waddell

Coordinación y edición del proyecto: Rubén Palomero

Diseño y maquetación: ZAC diseño gráfico

Dep. Legal: B-22782-2014
Imprime: ROTÄBOOK

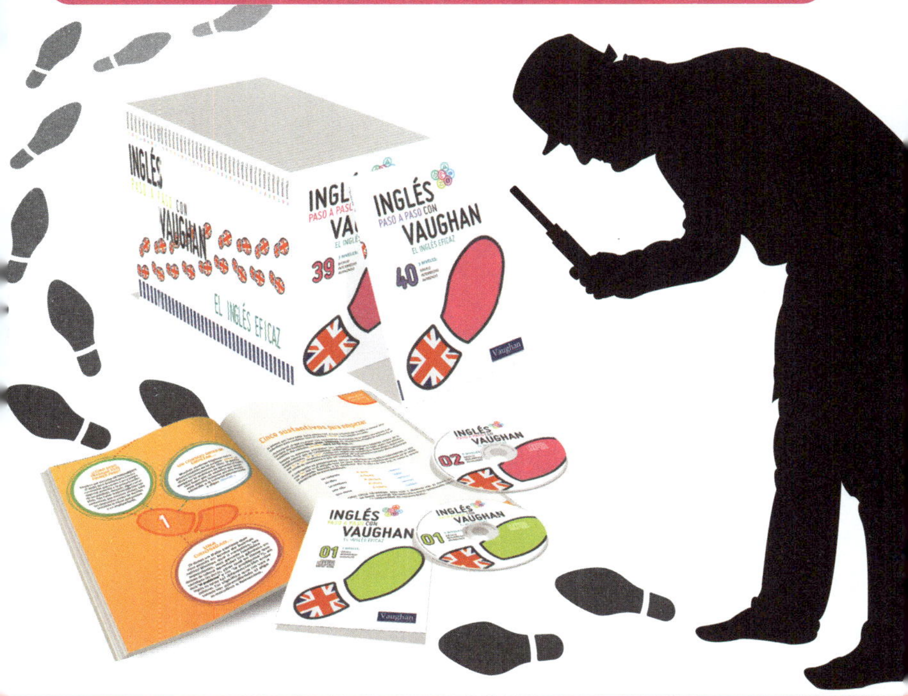

INGLÉS, EXPRÉS!

EL INGLÉS QUE NECESITAS, EN MENOS DE 20 HORAS

115 lecciones, 115 oportunidades.

115 lecciones que te permitirán perfeccionar tu dominio de muchos de los elementos gramaticales más relevantes del inglés.

115 lecciones en las que priman la concisión, la claridad y la precisión.

115 lecciones en las que, sin preámbulo alguno, iremos directamente al grano con el fin de facilitar tu comprensión de las estructuras clave de nuestro idioma y que a partir de ahí, a base de ejemplos, irás consolidando. Nuestro objetivo con estas 115 lecciones ha sido única y exclusivamente el de conseguir que aquellas estructuras que suelen causar problemas a los alumnos hispanohablantes se desvistan de todo misterio para revelarse en toda su espectacular sencillez. Porque si el inglés tiene algo, es precisamente eso: es un idioma bastante simple y sorprendentemente lógico. Tan sólo se necesitan 10 minutos al día para estudiar, escuchar y practicar en voz alta una misma lección; de esta forma, tu inglés se afianzará de manera inesperada y gratificante. Como siempre decimos en Vaughan, nosotros no tenemos ninguna píldora mágica. Esa píldora mágica ya la tienes tú: se llama esfuerzo.

INGLÉS, EXPRÉS!

**EL INGLÉS
QUE NECESITAS,
EN MENOS DE
20 HORAS**

Even (I)

Nuestra palabra para **'incluso'**.

Suele ir antes de los **verbos *normales*** (regulares e irregulares).

John habla muchos idiomas. Incluso habla polaco.	**John speaks many languages. He even speaks Polish.**
Ella fue a muchos países diferentes. Incluso fue a Djibuti.	**She went to many different countries. She even went to Djibuti.**
Él tiene una gran colección de cuadros. Incluso posee un Picasso.	**He has a huge collection of paintings. He even owns a Picasso.**
Vi a muchos antiguos amigos. Incluso vi a Paul.	**I saw hundreds of old friends. I even saw Paul.**
Él tiene todo tipo de reptiles. Incluso tiene serpientes.	**He keeps all sorts of reptiles. He even keeps snakes.**

Y después de los **verbos *auxiliares*** incluyendo ***"to be"***.

He comido toda clase de pescado. Incluso he comido tiburón.	**I have eaten all kinds of fish. I have even eaten shark.**
Sally sabe tocar todo tipo de instrumentos musicales. Incluso sabe tocar la gaita.	**Sally can play all types of musical instruments. She can even play the bagpipes.**
Frank forma parte de cualquier equipo posible. Incluso está en el equipo de ping-pong del barrio.	**Frank is in every possible team imaginable. He's even in the local table tennis team.**
Está lloviendo hoy en todas partes. Incluso está lloviendo en Sevilla.	**It's raining everywhere today. It's even raining in Seville.**
No sé lo que voy a hacer hoy. Igual incluso me quedo en casa.	**I'm not sure what I'm going to do today. I might even stay at home.**

Even (II)

Cuando queremos **hacer hincapié** en otro aspecto de una frase, también empleamos *"even"*.

Hay que colocarlo justo antes de lo que queremos enfatizar, como en castellano.

Soy un desastre en la cocina,pero hasta yo puedo preparar una tortilla.	**I'm a disaster in the kitchen, but even I can cook an omelette.**
Emily es antisocial, pero hasta ella se lo pasó bien.	**Emily is antisocial, but even she enjoyed herself.**
Paul era un alumno pésimo, pero hasta él logró aprobar.	**Paul was a terrible student, but even he managed to pass.**
Mis padres son reacios a la tecnología, pero hasta ellos utilizan Internet.	**My parents are technophobes, but even they use Internet.**
Mi mujer y yo no vamos al cine a menudo, pero incluso nosotros vimos aquella película.	**My wife and I don't go to the cinema often, but even we went to see that film.**

Como ves, a veces *"even"* se traduce por **'hasta'**.

En la sierra nieva con frecuencia, incluso en mayo.	**It often snows in the mountains, even in May.**
Mi hermano mayor es infantil, incluso ahora.	**My older brother is childish, even now.**
Me comí todo lo que había en el plato, hasta la piel.	**I ate everything on the plate, even the skin.**
Invitamos a la familia entera, hasta a mi primo el raro.	**We invited the whole family, even my strange cousin.**
Hasta mi coche consiguió llegar a la cima de la montaña.	**Even my car managed to get to the top of the mountain.**

Even if & Even though

"Even if" (aunque/incluso si)

La estructura verbal siempre es la de los condicionales.

Aunque llueva, saldré.	**Even if it rains, I'll go out.**
Aunque fueses rico, no serías más feliz.	**Even if you were rich, you wouldn't be any happier.**
Nunca llegarás a ser presidente, aunque trabajes mucho.	**You will never become President, even if you work hard.**
Aunque lo hubiera sabido, no te lo habría dicho.	**Even if I had known, I wouldn't have told you.**
Aunque hubieses estado allí, no habrías sido capaz de hacer nada.	**Even if you had been there, you wouldn't have been able to do anything.**

"Even though" (a pesar de que –siempre con verbo–)

Otra forma de decir *"in spite of the fact that"* o *"despite the fact that"*.

A pesar de que estaba nevando, fuí al concierto.	**Even though it was snowing, I went to the concert.**
A pesar de que es duro, no me voy a rendir.	**Even though it's hard, I'm not going to give up.**
A pesar de que no te gusta, merece la pena ir.	**Even though you don't enjoy it, it's worth going.**
A pesar de que él no estaba de acuerdo, aceptó la decisión.	**Even though he didn't agree, he accepted the decision.**
A pesar de que ya era tarde, conseguimos encontrar dónde comer.	**Even though it was late, we managed to find somewhere to eat.**

Not even

"Not even" (ni siquiera)

Al igual que *"even"*, suele ir vinculado a verbos. Ya que en las frases negativas siempre hay un verbo auxiliar, *"not even"* va después del verbo auxiliar.

Ni siquiera me gustan las películas italianas.	**I don't even like Italian films.**
Ni siquiera dió las gracias.	**He didn't even say thank you.**
Ni siquiera me acuerdo del día en que estamos.	**I can't even remember what day it is.**
Ni siquiera voy a decirte por qué.	**I'm not even going to tell you why.**
Yo en tu lugar, ni siquiera lo intentaría.	**If I were you, I wouldn't even try.**

Por supuesto podemos utilizarlo para **destacar** cualquier otro aspecto de la frase. Colócalo justo antes de lo que quieras recalcar.

Ni siquiera yo podría hacer eso.	**Not even *I* could do that.**
No me gustan los refrescos, ni siquiera la Coca-Cola.	**I don't like soft drinks, not even *Coca-Cola*.**
No me queda dinero para nada, ni siquiera para un café.	**I don't have any money left for anything, not even *a coffee*.**
Nunca me ha gustado el fútbol, ni siquiera cuando era joven.	**I have never liked football, not even *when I was young*.**
Nadie es más diplomático que los japoneses, ni siquiera los ingleses.	**Nobody is more diplomatic than the Japanese, not even *the English*.**

As... as (I)

Tan + adjetivo + como

¡El secreto está en el equilibrio! Hace falta un **"as"** a cada lado del adjetivo. Fácil, ¿no?

Pablo no es tan alto como Arthur.	**Pablo isn't as tall as Arthur.**
No hace tanto calor como ayer.	**It isn't as hot as it was yesterday.**
Los aviones no son tan peligrosos como los coches.	**Planes are not as dangerous as cars.**
El libro fue tan fascinante como pensaba.	**The book was as enthralling as I thought.**
El inglés no es tan difícil como la astrofísica.	**English isn't as difficult as astrophysics.**

También utilizamos esta estructura para decir **dos veces más + adjectivo que**...

nº de veces + "as" + adjetivo + "as"

La Torre Picasso es diez veces más alta que mi oficina.	**The Picasso Tower is ten times as tall as my office block.**
Francia es dos veces más grande que el Reino Unido.	**France is twice as big as the UK.**
El coche de mi vecino es el doble de caro que el mío.	**My neighbour's car is twice as expensive as mine.**
Mi amigo Ted es el doble de inteligente que yo.	**My friend Ted is twice as intelligent as I am.**
La población de Alemania es el doble de la de España.	**The population of Germany is twiceas big as that of Spain.**

As... as (II)

Tan + adverbio + como

Una vez más, ¡el secreto está en el equilibrio! Hace falta un **"as"** a cada lado del adverbio.

No juego al golf tan bien como Laura.	**I can't play golf as well as Laura.**
No hablo el español con tanta soltura como mi suegra.	**I don't speak Spanish as fluently as my mother-in-law.**
Nadie canta tan mal como yo.	**Nobody sings as badly as I do.**
No conduzco tan rápido como mi hermano.	**I don't drive as fast as my brother.**
No como de forma tan ruidosa como mi perro.	**I don't eat as noisily as my dog.**

También utilizamos esta estructura para decir **el doble de + adverbio que**...

nº de veces + **"as"** + adverbio + **"as"**

Yo hablo el doble de rápido que mi hermano.	**I talk twice as fast as my brother.**
Él pinta el doble de bien que yo.	**He paints twice as well as I do.**
Mi contable trabaja el doble de despacio que el tuyo.	**My accountant works twice as slowly as yours.**
La reunión duró el doble de lo previsto.	**The meeting lasted twice as long as scheduled.**
Ella estudia diez veces más que su hermana.	**She studies ten times as hard as her sister.**

As much as

Tanto + sustantivo incontable + como

No dispongo de tanto tiempo como antes.	**I don't have as much time as I used to.**
Sarah no comió tanto como Simón.	**Sarah didn't eat as much as Simon. (food)**
No sé tanto del tema como él.	**I don't know as much about it as he does. (information)**
Doy a mi hijo todo el amor y atención que necesita.	**I give my son as much love and attention as he needs.**
Gasté tanto dinero como siempre.	**I spent as much money as always.**

También utilizamos esta estructura para decir **'el doble de'**...
Siempre con sustantivos incontables.

Hice el doble de trabajo la semana pasada que la anterior.	**I did twice as much work last week as the week before.**
Yo pongo el triple de azúcar en mi té que Henry.	**I take three times as much sugar in my tea as Henry does.**
Él gana cuatro veces lo que gano yo.	**He earns four times as much as me. (money)**
Este año necesitamos el doble de lluvia que el año pasado.	**This year we need twice as much rain as last year.**
Yo peso siete veces lo que pesa mi bebé.	**I weigh seven times as much as my baby.**

As many as

Tantos/as + sustantivo plural contable + como

No tengo tantos hijos como Paco.	**I don't have as many children as Paco.**
No hablo tantos idiomas como Silvia.	**I don't speak as many languages as Silvia.**
Tengo tantos problemas como Paula.	**I have as many problems as Paula.**
Te puedo dar todas las clases que necesites.	**I can give you as many classes as you need.**
En mi empresa hay tantas mujeres como hombres.	**In my company, there are as many women as men.**

También utilizamos esta estructura para decir **'el doble de'**...
Siempre con sustantivos contables en plural.

He ido al doble de países que mi primo.	**I have been to twice as many countries as my cousin.**
Londres tiene el doble de habitantes que Madrid.	**London has twice as many inhabitants as Madrid.**
He comprado el doble de libros este año que el año pasado.	**I've bought twice as many books this yearas last year.**
En Inglaterra hay tres veces más no fumadores que fumadores.	**In England, there are three times as manynon-smokers as smokers.**
Ella tiene tantos como yo.	**She has as many as I do.**

I last went...

Arriba expresamos la forma más natural de decir **"The last time I went was..."**

La estructura siempre es la misma:

Para **todos los verbos**, salvo los auxiliares:
sujeto + "last" + verbo (en pasado simple).

Para los **verbos auxiliares**, incluyendo **"to be"**:
sujeto + verbo (en pasado simple) + "last".

The last time I went there was three years ago.	**I last went there three years ago.**
The last time I ate squid was two months ago.	**I last ate squid two months ago.**
The last time they spoke Italian was eight years ago.	**They last spoke Italian eight years ago.**
The last time I won a prize was fifteen years ago.	**I last won a prize fifteen years ago.**
The last time I was in Valencia was three weeks ago.	**I was last in Valencia three weeks ago.**

Podemos utilizar la misma estructura para hablar de la primera vez:

Para **todos los verbos**, salvo los auxiliares:
sujeto + "first" + verbo (en pasado simple).

Para los **verbos auxiliares**, incluyendo **"to be"**:
sujeto + verbo (en pasado simple) + "first".

The first time I went to Paris was twenty years ago.	**I first went to Paris twenty years ago.**
The first time I met her was at a ball.	**I first met her at a ball.**
The first time I spoke in public was ten years ago.	**I first spoke in public ten years ago.**
The first time he got married was three years ago.	**He first got married three years ago.**
The first time she was in hospital was five years ago.	**She was first in hospital five years ago.**

When did you last eat?

Es muy frecuente hacer preguntas empleando la forma más concisa.
Es importante practicarlo porque para un español resulta
menos natural que la traducción directa que vemos a la izquierda.

When was the last time you ate spaghetti?

When did you last eat spaghetti?

When was the last time you read a Russian novel?

When did you last read a Russian novel?

When was the last time you were elected President?

When were you last elected President?

When was the last time you played the violin?

When did you last play the violin?

When was the last time you appeared on Television?

When did you last appear on Television?

Recuerda: *"first"* en *"When did you first go?"* se refiere a
'la primera vez en la vida'.

Cuando queremos decir **'primero'**, la palabra *"first"* se coloca al final de la
pregunta: *"Where did you go first?"*

When was the first time you drove a car?

When did you first drive a car?

When was the first time you used a credit card?

When did you first use a credit car?

When was the first time you spoke English?

When did you first speak English?

When was the first time you asked for a pay rise?

When did you first ask for a pay rise?

When was the first time you were promoted?

When were you first promoted?

Soler hacer algo

Suele causar problemas, ya que en inglés el presente de este verbo no existe.
Superamos esta carencia recurriendo al adverbio **"usually"**.
Se coloca justo después del verbo **"to be"** y los demás verbos auxiliares.

Suelo estar alegre.	**I'm usually cheerful.**
Suelo llegar tarde.	**I'm usually late.**
Ella suele estar aquí.	**She's usually here.**
Él suele estar cansado los viernes.	**He's usually tired on Fridays.**
Suelen tener hambre a esta hora.	**They're usually hungry at this time.**

Con todos los demás verbos, hay que colocar **"usually"** justo delante del verbo.
"Usually" se pronuncia **/iúsh ali/**, y no /iúsh u ali/.

Suelo lavarme los dientes a mediodía.	**I usually brush my teeth at midday.**
Suelo ir al trabajo en tren.	**I usually go to work by train.**
Solemos estar de acuerdo.	**We usually agree.**
Suelen ganar.	**They usually win.**
Ella suele perder sus llaves.	**She usually loses her keys.**

Solía hacer algo

Sí que tiene equivalente verbal en inglés.
No varía según la persona. Siempre es **"used to" + verbo**.
Se emplea también cuando en castellano se dice **'antes hacía...'**.

Yo solía comprar en el mercadillo.	**I used to buy at the street market.**
Él antes vivía en Canadá.	**He used to live in Canada.**
Antes venían más a menudo.	**They used to come more often.**
La vivienda solía ser más barata.	**Housing used to be cheaper.**
Discutíamos mucho en aquellos tiempos.	**We used to argue a lot back then.**

Ahora veremos el **interrogativo**.
No olvides que el **verbo "use"** sólo se emplea con este significado **en el pasado**.

¿Antes tenías más tiempo?	**Did you use to have more time?**
¿Solía ser simpática?	**Did she use to be friendly?**
¿Solían jugar al fútbol?	**Did they use to play football?**
¿Solías tener problemas con él?	**Did you use to have problems with him?**
¿Fumabas de niño?	**Did you use to smoke as a child?**

To be used to

Nuestra forma de decir **'estar acostumbrado a'**.
"Used" se pronuncia **/iust/**. No olvides que el verbo principal aquí es **"to be"**.
Veamos primero unos ejemplos con sustantivos.

Estoy acostumbrado a los atascos.	**I'm used to traffic jams.**
Él está acostumbrado al estrés.	**He's used to stress.**
¿Estás acostumbrado al ruido?	**Are you used to the noise?**
No están acostumbrados a la vida de ciudad.	**They're not used to city life.**
¿Ella está acostumbrada al calor?	**Is she used to the heat?**

Ahora proponemos más ejemplos, esta vez con verbos. Fíjate que son pocas las veces que empleamos un verbo en la **forma del gerundio ("-ing")** después de la **preposición "to"**.

Estoy acostumbrado a levantarme temprano.	**I'm used to getting up early.**
Él está acostumbrado a trabajar hasta tarde.	**He's used to working late.**
¿Estás acostumbrado a conducir en la ciudad?	**Are you used to driving in the city?**
¿Él está acostumbrado a hablar en inglés?	**Is he used to speaking English?**
No estamos acostumbrados a utilizar Internet.	**We're not used to using the Internet.**

To get used to

Esta expresión es muy parecida pero describe el proceso de
'acostumbrarse a algo'.
Aquí el verbo principal es **"to get"**.
De nuevo empezamos con ejemplos seguidos de sustantivos.

Me estoy acostumbrando a mi nuevo trabajo.	**I'm getting used to my new job.**
Me acostumbré a su acento enseguida.	**I got used to her accent immediately.**
¿Te acostumbras fácilmente a las situaciones nuevas ?	**Do you get used to new situations easily?**
¿Te acostumbraste rápidamente a tu coche nuevo?	**Did you get used to your new car quickly?**
No me puedo acostumbrar a estos zapatos.	**I can't get used to these shoes.**

Ahora con verbos. Verás que otra vez estamos ante un ejemplo con **"-ing"**
después de la **preposición "to"**.
Recuerda que los **dos verbos** que tienen que ver con **'acostumbrar'** llevan
el **gerundio**.

Él se está acostumbrando a vivir en Inglaterra.	**He's getting used to living in England.**
Me acostumbré enseguida a llevar una corbata.	**I got used to wearing a tie immediately.**
Estoy seguro de que te acostumbrarás a trabajar con él.	**I'm sure you'll get used to working with him.**
¿Te has acostumbrado a conducir por la derecha ya?	**Have you got used to driving on the right yet?**
¿Te acostumbraste deprisa a utilizar el móvil?	**Did you get used to using a mobile quickly?**

What's the point of...?

¿De qué sirve...?

No olvides que después de la preposición **"of"** hace falta un verbo en gerundio **"ing"**.

¿De qué sirve levantarte temprano si luego te entra sueño?	**What's the point of getting up early if it makes you feel later in the day?**
¿De qué sirve trabajar si no te gusta?	**What's the point of working if you don't enjoy it?**
¿De qué sirve estudiar inglés si no estás dispuesto a utilizarlo en la vida real?	**What's the point of studying English if you're not prepared to use it in real life situations?**
¿De qué sirve ser puntual si los demás llegan tarde?	**What's the point of being punctual if everyone else is late?**
¿De qué sirve enfadarse por eso?	**What's the point of getting angry about it?**

There's no point in...

No sirve de nada...

No olvides que después de la preposición **"in"** hace falta un verbo en gerundio **"ing"**.

No sirve de nada fingir.	**There's no point in pretending.**
No sirve de nada llegar aquí antes de las 6.00 porque no va a haber nadie.	**There's no point in getting here before six as nobody will be here.**
No sirve de nada ir a la universidad si no estás dispuesto a estudiar mucho.	**There's no point in going to University if you're not prepared to study hard.**
¡No sirve de nada ir en coche al trabajo con esta nevada!	**There's no point in driving to work in this snow!**
No sirve de nada pitar. No vas a llegar antes.	**There's no point in beeping your horn. You won't get there any quicker.**

Decimal points

La coma que utilizais para decimales en castellano es un punto en inglés.
Nosotros decimos *"three **point** seven"* para 3.7

El terremoto midió 2,5 en la escala Richter.	**The earthquake measured 2.5 *(two point fire)* on the Richter scale.**
Su MP3 sólo mide 3,6 pulgadas.	**His MP3 player measures only 3.6 *(three point six)* inches.**
La familia media en el Reino Unido tiene 1,64 hijos.	**The average family in the U.K. has 1.64 *(one point si four)* children.**
Una libra esterlina actualmente vale 1,47 euros.	**One Pound Stirling is currently worth 1.47 *(one point four seven)* euros.**
Sólo 4,3 de cada diez familias alemanas tiene su casa en propiedad.	**Only 4.3 *(four point three)* German families out of every ten actually own their own home.**

Con cero **'punto'** algo solemos decir *"**point** 5"* o
*"nought **point** five"* por ejemplo.

Los raíles se expandieron 0,5mm debido al intenso calor.	**The rails expanded 0.5mm due to the intense heat. (point five of a millimetre)**
El espesor de la lente es de 0,2mm.	**The thickness of the camera lens is 0.2mm. (nought point two millimetres)**
Un pequeño murciélago silvestre pesa 0,005 kilos.	**A small forest bat weighs 0.005kg. (Nought point nought nought five of a kilogram)**
Los murciélagos pueden comerse hasta 0,5 veces su peso corporal en insectos en una noche.	**Bats can consume up to 0.5 times their body weight in insects in one night. (nought point five)**
En Madrid puedes sintonizar Vaughan Radio en el 105.7 FM.	**In Madrid you can tune into Vaughan Radio on 105.7 F.M.**

Give me mine

Hoy toca hablar de los **imperativos** y de los **pronombres personales**.

Primero, el **imperativo** (**afirmativo**) siempre es el **verbo básico** sin más complicaciones. Por ejemplo *"be good"* ('**sé bueno**') *"close the door"* ('**cierre la puerta**'), etc. Normalmente el **complemento indirecto** precede al **pronombre personal**. Proponemos unos ejemplos abajo:

Dame el mío.	**Give me mine.**
Dale (a él) el suyo.	**Give him his.**
Dale (a ella) el suyo.	**Give her hers.**
Danos el nuestro.	**Give us ours.**
Dales el suyo.	**Give them theirs.**

Ahora complicamos las cosas. Para realmente sacar provecho de este ejercicio hay que practicarlo durante tres minutos todos los días durante una semana.

Enséñame el tuyo.	**Show me yours.**
Enséñale (a ella) el suyo (de él).	**Show her his.**
Enséñales el nuestro.	**Show them ours.**
Enséñanos el suyo (de ellos).	**Show us theirs.**
Enséñale (a él) el mío.	**Show him mine.**

Don't annoy me!

¡No me molestes!

Es el **imperativo negativo**. Se construye muy fácilmente: **"Don't" + verbo básico**.

No caigas en la tentación de decir *"Not"* + verbo.

No lo hagas por favor.	**Don't do it please.**
No te vayas.	**Don't go.**
¡No comas eso!	**Don't eat that!**
No olvides llamarme.	**Don't forget to call me.**
No seas impertinente.	**Don't be rude.**

En inglés se considera de **mala educación** emplear el imperativo cuando **pedimos algo**, sin embargo es **habitual** verlo en **pancartas oficiales**.

Prohibido pisar el césped.	**Don't walk on the grass.**
Prohibido hablar en la capilla.	**Don't talk in the chapel.**
Prohibido cruzar la calle.	**Don't cross the road.**
Prohibido beber de la fuente.	**Don't drink from the fountain.**
Prohibido abrir la puerta mientras el tren esté en marcha.	**Don't open the door whilst the train is in motion.**

Since or For?

"Since" (desde)

Hay mucha confusión sobre cuándo utilizar estas dos palabras. Salgamos de dudas de una vez por todas. Cuando llevamos haciendo algo desde un **punto en el tiempo específico** (fecha, día de la semana, mes del año, etc) hasta ahora empleamos *"since"*.

Vivo en España desde 1999.	**I've lived in Spain since 1999.**
Trabajo en esta empresa desde marzo.	**I've worked in this company since March.**
La conozco desde 1989.	**I've known her since 1989.**
Inglaterra no gana el mundial desde 1966.	**England hasn't won the World Cup since 1966.**
Ella no trabaja desde la semana pasada.	**She hasn't worked since last week.**

Como ves, cuando llevamos tiempo haciendo algo empleamos el **presente perfecto** como en los ejemplos de arriba o el **presente perfecto continuo** como en los de abajo.

Mi ordenador no funciona desde el martes.	**My computer hasn't been working since Tuesday.**
Llevo desde primera hora de la mañana trabajando.	**I've been working since first thing this morning.**
Llevo desde el lunes intentando hablar con ella.	**I've been trying to speak to her since Monday.**
Juego a la lotería desde que vine a España.	**I've been playing the lottery since I came to Spain.**
Bebo vino desde 2002.	**I've been drinking wine since 2002.**

Since or For?

"For" (desde hace)

Cuando llevamos haciendo algo desde hace un **periodo de tiempo** (minutos, horas, meses o años) empleamos *"for"*.

Vivo en España desde hace tres años.	**I've lived in Spain for three years.**
Trabajo en esta empresa desde hace cuatro meses.	**I've worked in this company for four months.**
La conozco desde hace un año y medio.	**I've known her for a year and a half.**
Inglaterra no gana el mundial desde hace años.	**England hasn't won the World Cup for years.**
Ella no trabaja desde hace tres semanas.	**She hasn't worked for three weeks.**

Recuerda que cuando llevamos tiempo haciendo algo utilizamos el **presente perfecto** como en los ejemplos de arriba, o el **presente perfecto continuo** como en los de abajo.

Mi ordenador no funciona desde hace dos semanas.	**My computer hasn't been working for two weeks.**
Estoy trabajando desde hace doce horas.	**I've been working for twelve hours.**
Llevo (desde hace) horas intentando hablar con ella.	**I've been trying to speak to her for hours.**
Juego a la lotería desde hace años.	**I've been playing the lottery for years.**
Bebo vino desde hace diez años.	**I've been drinking wine for ten years.**

How long?

Entre españoles es muy común oír la expresión **"How much time?"** para **'¿Cuánto tiempo?'**. Sin embargo entre anglohablantes la forma más natural es **"How long?"**.

¿Cuánto tiempo llevas viviendo en España?	**How long have you lived in Spain?**
¿Desde cuando trabajas en tu empresa?	**How long have you worked for your company?**
¿Desde cuando se vende helado aquí?	**How long have they been selling ice cream here?**
¿Cuánto tiempo llevas esperándome?	**How long have you been waiting for me?**
¿Desde cuando estudias inglés?	**How long have you been studying English?**

Habrás visto que siempre utilizamos el **presente perfecto** al hablar de una acción empezada en el pasado pero todavía relevante en el **presente**.

¿Desde hace cuánto que la conoces?	**How long have you known her?**
¿Cuánto tiempo llevas con ese resfriado?	**How long have you had that cold?**
¿Desde cuándo te gusta a ti el fútbol?	**How long have you liked football?**
¿Cuánto tiempo lleva lloviendo?	**How long has it been raining?**
¿Desde cuándo estás aquí?	**How long have you been here?**

How long?

Cuando queremos saber cuanto **duró** una acción dentro de un periodo de tiempo cerrado, utilizamos el **pasado simple**.
El verbo es *"last / lasted / lasted"*.

¿Cuánto tiempo duró la reunión de esta mañana?	**How long did the meeting last this morning?**
¿Cuánto tiempo duró el partido de ayer?	**How long did the match last yesterday?**
¿Cuánto duró la película el sábado pasado?	**How long did the film last Saturday?** *(dos acepciones de last)*
¿Cuánto duró el discurso del lunes?	**How long did the speech last on Monday?**
¿Cuánto ha durado la conversación esta tarde?	**How long did the conversation last this afternoon?**

Cuando hablamos de un periodo de tiempo **'cerrado'** no es necesario referirnos a ello de forma explícita. Por el contexto sabemos que hay que utilizar el **pasado simple**.

¿Cuánto tiempo duró su matrimonio? *(Ya están divorciados)*	**How long did their marriage last?** *(They're already divorced)*
¿Cuánto tiempo duró la huelga? *(La huelga terminó hace tres meses)*	**How long did the strike last?** *(The strike finished three months ago)*
¿Cuánto duró el concierto? *(El concierto fue ayer)*	**How long did the concert last?** *(The concert was yesterday)*
¿Cuánto tiempo duró el viaje? *(El viaje se hizo hace dos meses)*	**How long did the trip last?** *(The trip was made two months ago)*
¿Cuánto tiempo duró la discusión? *(La discusión tuvo lugar ayer)*	**How long did the argument last?** *(The argument took place yesterday)*

Genitivo sajón

Los ingleses lo tenemos todo al revés, hasta los genitivos. Genitivos, he dicho. Lo que en castellano es **'el perro de María'** se convierte en **"Maria's dog"** en inglés. Esta forma (**'s**) se usa en la **tercera persona singular**. Es necesario mencionar **'el dueño'** de la otra cosa primero.

Yo comí la manzana de Stuart.	**I ate Stuart's apple.**
Él atropelló al gato de Elena.	**He ran over Elena's cat.**
¿Has visto el coche de mi marido?	**Have you seen my husband's car?**
No he visto las fotos de Jeremy.	**I haven't seen Jeremy's photos.**
¿Has ido a casa de Fiona?	**Have you been to Fiona's house?**

También se puede emplear la misma forma con la **tercera persona del plural** solo que esta vez el **apóstrofe** se coloca después de la **"s"**. Lo mismo ocurre con **nombres que acaban en "s"** (Carlos, por ejemplo.) *Carlos'* se pronuncia **/carlosis/**.

Ella vendió la casa de sus padres.	**She sold her parents' house.**
¿Has visto las raquetas de los niños?	**Have you seen the boys' rackets?**
No me interesan los problemas de los profesores.	**I'm not interested in teachers' problems.**
No veo al hermano menor de los gemelos desde hace mucho tiempo.	**I haven't seen the twins' younger brother for a long time.**
¿Me buscas el número de Carlos?	**Can you look for Carlos' number for me?**

Genitivo sajón en cadena

La cosas se complican cuando queremos interrelacionar una serie de componentes, lo que en castellano se hace utilizando muchas veces **'de'**.
Recuerda que **lo que va primero en castellano, va último en inglés**.

El perro[1] del vecino[2] de mi tío[3] es ciego. → **My uncle's[3] neighbour's[2] dog[1] is blind.**

La mesa de trabajo[1] de la jefa[2] de mi jefe[3] está desordenada. → **My boss'[3] boss'[2] desk[1] is messy.**

Encontré al primo[1] del compañero[2] de mi marido[3] en el mercadillo. → **I met my husband's[3] colleague's[2] cousin[1] in the street market.**

No conozco a la tía[1] de la amiga[2] de mi mujer[3]. → **I don't know my wife's[3] friend's[2] aunt[1].**

El coche[1] del padre[2] de mi amigo[3] no anda. → **My friend's[3] father's[2] car[1] doesn't work.**

No es bueno llevar las cosas a un extremo, pero cuando sea necesario, no pierdas los estribos. Siempre empieza por donde acabas en castellano. Con un poco de práctica, lo conseguirás.

Mi gato se comió al canario[1] del vecino[2] de la tia[3] de la mujer[4] de mi jefe[5]. → **My cat ate my boss'[5] wife's[4] aunt's[3] neighbour's[2] canary[1].**

Ayer comí con el amigo[1] del cuñado[2] del jardinero[3] del Rey[4]. → **Yesterday I had lunch with the King's[4] gardener's[3] brother-in-law's[2] friend[1].**

El trenecito[1] del hijo[2] del primo[3] del alcalde de Madrid[4] ha desaparecido. → **The mayor of Madrid's[4] cousin's[3] son's[2] toy train[1] has disappeared.**

La novia[1] del médico[2] de la hermana[3] de Carlos[4] está embarazada. → **Carlos'[4] sister's[3] doctor's[2] girlfriend[1] is pregnant.**

El jefe[1] del jefe[2] del jefe[3] del jefe[4] de mi jefe[5] está forrado. → **My boss'[5] boss'[4] boss'[3] boss'[2] boss[1] is loaded.**

El sustantivo como adjetivo

Cuando ves dos **sustantivos juntos**, el primero describe al segundo. Por ejemplo **"a train station"**. El primer sustantivo indica de qué tipo de estación estamos hablando. Cuando se pluraliza, la **"s"** sólo se añade al **segundo sustantivo**.

Compraron sus plantas en un vivero.	**They bought their plants at a garden centre.**
Siempre ha sido un bibliófilo.	**He has always been a book lover.**
Ella se encargó de los costes de desarrollo.	**She was in charge of the development costs.**
La mayoría de los hombres de la isla eran pescadores de perlas.	**Most of the men on the island were pearl divers.**
Ella se cortó con el pelador.	**She cut herself with the potato peeler.**

Cuando nos referimos a la **duración o número** del primer sustantivo usamos un **guión**, separando dicho número del primer sustantivo. Aunque se trate de un plural no añadimos la **"s"** después del primer sustantivo.

He estado en una reunión de tres horas.	**I've been in a three-hour meeting.**
Fueron a un viaje de tres meses.	**They went on a three-month trip.**
Le escribí una carta de nueve páginas.	**I wrote him a nine-page letter.**
Fue un vuelo de ocho horas.	**It was an eight-hour flight.**
Ella se compró un yate de 12 metros.	**She bought a twelve-metre yacht.**

Adverbios de frecuencia

"Never" (nunca), *"rarely"* (raramente), *"sometimes"* (a veces), *"often"* (a menudo), *"always"* (siempre).

Los **adverbios de frecuencia** se colocan **delante** de los **verbos 'normales'** (**todos menos los auxiliares**) justo después del sujeto. Aunque algunos de estos adverbios pueden ocupar otra posición en la oración, es mejor consolidar esta regla ya que con ella no te equivocarás nunca.

Él nunca se compra ropa cara.	He **never** buys expensive clothes.
Rara vez ella va al cine.	She **rarely** goes to the cinema.
A veces él sale a comer.	He **sometimes** goes out for a meal.
Me duermo en el sofá a menudo.	I **often** fall asleep on the sofa.
Siempre me ducho a primera hora de la mañana.	I **always** have a shower first thingin the morning.

Practica estas listas intercambiando los adverbios para reforzar el aprendizaje y para ganar lo más importante para dominar un idioma: la agilidad.

Ahora unos ejemplos con los **verbos auxiliares** en los que hay que colocar los **adverbios de frecuencia después del verbo**.

Nunca llego tarde.	I am **never** late.
Rara vez me puedo escapar.	I can **rarely** get away.
Él a veces se equivoca.	He is **sometimes** wrong.
Ella tiene razón a menudo.	She is **often** right.
Siempre tengo tiempo para ti.	I have **always** got time for you.

Ever

Cuando queremos decir **"never"** con el verbo en negativo, empleamos **"ever"**. Como en las frases negativas siempre hay un auxiliar en juego (**"do"** o el auxiliar en sí). **"ever"**, como todos los adverbios de frecuencia, **se coloca después del auxiliar y de la palabra "not"**.

¡No recuerdo haber prometido eso nunca!	**I don't ever remember promising that!**
Él nunca habla.	**He doesn't ever speak.**
Nunca están cuando los necesitas.	**They aren't ever there when you need them.**
Probablemente nunca se casarán.	**They probably won't ever get married.**
Nunca hacen cosas de ese estílo.	**They don't ever do things like that.**

También utilizamos **"ever"** para formular preguntas pero entonces significa **'alguna vez'**. Se coloca después del auxiliar y del sujeto.

¿Hablas alguna vez con tus amigos en Canadá?	**Do you ever speak to your friends in Canada?**
¿Has ido alguna vez a Guarromán?	**Have you ever been to Guarromán?**
¿Estás en casa alguna vez los martes?	**Are you ever at home on Tuesdays?**
¿Alguna vez él dice algo interesante?	**Does he ever say anything interesting?**
¿Ganará Holanda alguna vez el Mundial?	**Will the Netherlands ever win the World Cup?**

Any more

Hay dos formas para decir **'ya no...'** en inglés.
La primera y la más común, con el **verbo en negativo**, es *"any more"*.
Se coloca **siempre** al final de la frase.

Ya no practico deporte.   **I don't play sport any more.**
Ya no voy al colegio.   **I don't go to school any more.**
Ya no creo en la perfección.   **I don't believe in perfection any more.**
Ya no vivo en Inglaterra.   **I don't live in England any more.**
Ya no fumo.   **I don't smoke any more.**

Algunos ejemplos más.
Verás que, aunque el verbo sea auxiliar, eso no afecta a donde colocamos
"any more" que **va siempre al final**.

Ya no te puedes fiar de ella.   **You can't trust her any more.**
Ya no soy desempleado.   **I'm not unemployed any more.**
Mi padre ya no debería conducir.   **My father shouldn't drive any more.**
Mi teléfono ya no funciona.   **My telephone doesn't work any more.**
Ya no te lo pedirán.   **They won't ask you for it any more.**

No longer

La otra forma de decir **'ya no...'** es **"no longer"**. Esta forma es un poco más complicada ya que su posición depende del tipo de verbo en juego. Si se trata de un **verbo 'normal'** (todos menos los auxiliares) va justo antes del verbo y después del sujeto.

Ya no lo considero un candidato viable.	**I no longer consider him a viable candidate.**
Ya no me tengo que levantar temprano.	**I no longer have to get up early.**
Ya no creo en las hadas.	**I no longer believe in fairies.**
Ya no me duele cuando hago ejercicio.	**It no longer hurts when I do exercise.**
Ya no como carne.	**I no longer eat meat.**

Cuando el **verbo es un auxiliar** (incluyendo el verbo **"to be"**) hay que colocar **"no longer"** detrás del mismo.

Practiquemos con unos cuantos ejemplos más.

Ya no tiene importancia.	**It's no longer important.**
Ya no puede jugar a nivel profesional.	**He can no longer play professionally.**
Ya no es capitán de la selección.	**He is no longer captain of the national side.**
Ya no estoy aburrido en mi trabajo.	**I'm no longer bored at work.**
Ya no puedo quedarme por ahí hasta las tantas.	**I can no longer stay out late.**

Can & Be able to (I)

Normalmente el verbo **'poder'** se traduce como **"can"**.

Suele referirse a nuestras capacidades y, en el presente a lo que las circunstancias nos permiten hacer.

Puedo hablar inglés.	**I can speak English.**
No puedo correr cien metros en diez segundos.	**I can't run one hundred metres in ten seconds.**
Siento no haber podido venir la semana pasada.	**I'm sorry I couldn't come last week.**
No veo.	**I can't see.**
¿Me puedes ayudar?	**Can you help me?**

Sin embargo, cuando hablamos de lo que **las circunstancias nos permitieron hacer** (y no de nuestras capacidades) en el pasado, utilizamos **"to be able to"**.

Esto vale para el afirmativo y para el interrogativo en el pasado.

La semana pasada pude estudiar mucho.	**Last week, I was able to study a lot.**
Pudieron conseguir entradas para el concierto en primera fila.	**They were able to get front row seats for the concert.**
Pude hablar con todos los profesores de mi hijo en la reunión.	**I was able to speak to all my son's teachers at the meeting.**
¿Pudiste ver el escenario?	**Were you able to see the stage?**
¿Ella al final pudo ir a la fiesta?	**Was she able to go to the party in the end?**

Can & Be able to (II)

"Can" no existe en el presente perfecto así que hay que recurrir a *"be able to"*.
"Have you could" suena horrible.

¿Ya has podido hablar con ella?	**Have you been able to speak to her yet?**
No he podido estudiar mucho últimamente.	**I haven't been able to study much lately.**
Él no ha podido terminar su discurso todavía.	**He hasn't been able to finish his speech yet.**
He podido hacer mucho trabajo esta mañana.	**I've been able to do a lot of work this morning.**
¿Han podido solucionar el problema ya?	**Have they been able to solve the problem yet?**

Para expresar el futuro de *"can"* también necesitamos usar *"to be able to"*.
A pesar de esto, miles de españoles dicen a diario *"Will you can...?"* provocando naúseas estomacales a sus interlocutores anglohablantes.
No existe y punto, así que olvídalo.

Podré ayudar con los preparativos de la fiesta si quieres.	**I'll be able to help get things ready for the party if you like.**
Me temo que no podré ir a la reunión.	**I'm afraid I won't be able to go to the meeting.**
¿Podrás venir?	**Will you be able to come?**
¿Sabes si ella podrá explicármelo?	**Do you know if she'll be able to explain it to me?**
Él no durará mucho. No podrá aguantar la presión.	**He won't last long. He won't be able to stand the pressure.**

"When" en el futuro

Cuando hablamos del futuro empleando la palabra **"when"** es imprescindible emplear **el presente simple** inmediatamente después y no el futuro.
"Will" siempre va en la otra oración.

Cuando me jubile, iré a pescar todos los días.	**When I retire, I will go fishing every day.**
Cuando ella llegue, estará cansada.	**When she arrives, she'll be tired.**
Cuando tenga cuarenta años, estaré más gordo que ahora.	**When I'm forty I'll be fatter than I am now.**
Cuando empiecen, ¿me avisarás?	**When they start, will you let me know?**
Cuando deje de llover, ¿vendrás a dar un paseo?	**When it stops raining, will you come out for a walk?**

Por supuesto, en castellano, se puede invertir este tipo de frase.
Lo importante es que después de _"when"_ hay que usar el presente simple.

Te lo diré cuando te necesite.	**I'll tell you when I need you.**
Ella te echará una mano cuando pueda.	**She'll give you a hand when she can.**
Será demasiado tarde cuando tengas cincuenta años.	**It will be too late when you are fifty.**
Bajaré cuando termine.	**I'll come down when I finish.**
Maullará cuando tenga hambre.	**He'll miaow when he's hungry.**

"As soon as" / "Unless" en el futuro

Al igual que con la palabra **"when"**, las dos expresiones citadas arriba van seguidas del presente simple dentro de un contexto futuro. Empecemos con **"as soon as"** ('en cuanto').

Te llamaré en cuanto llegue allí.	**I'll call you as soon as I get there.**
Le mandaremos su pedido en cuanto esté en stock.	**We'll send you your order as soon as it's in stock.**
¿Me avisarás en cuanto lo sepas?	**Will you let me know as soon as you know?**
¿Me despertarás en cuanto suene tu despertador?	**Will you wake me up as soon as your alarm clock goes off?**
Él le dará un toque (al teléfono) en cuanto llegue a Zaragoza.	**He'll give her a ring as soon as he gets to Zaragoza.**

Con **"unless"** aparte de usar el presente simple inmediatamente después, hay que tener otra cosa en cuenta. En castellano se emplea a veces un 'no' arbitrario ('a no ser que tú *no* vayas'). En inglés no hacemos lo mismo. "Not" no suele aparecer con **"unless"**.

No iré a no ser que vaya ella.	**I won't go unless she goes.**
No te lo dirán a no ser que les pagues.	**They won't tell you unless you pay them.**
No la apoyaremos a no ser que ella se disculpe.	**We won't support her unless she apologizes.**
No saltaré si no saltas tú primero.	**I won't jump unless you jump first.**
Ella no se acordará a no ser que tú se lo recuerdes.	**She won't remember unless you remind her.**

To be about to

Ésta es nuestra forma de decir **'estar a punto de hacer algo'**.
Lo único que varía es el verbo **"to be"**, según la persona gramatical y el tiempo.
Estudiemos para comenzar, unos ejemplos en el presente.

Creo que estoy a punto de estornudar.	**I think I'm about to sneeze.**
Él está a punto de cometer un grave error.	**He's about to make a big mistake.**
Están a punto de casarse.	**They're about to get married.**
Estamos a punto de irnos de vacaciones.	**We're about to go on holiday.**
La fábrica está a punto de cerrar.	**The factory is about to close down.**

Por supuesto podemos estar a punto de hacer algo dentro de un contexto pasado.
Lo único que hay que hacer es poner el verbo **"to be"** en pasado.

Estaba a punto de irme cuando ella llegó.	**I was about to leave when she arrived.**
Estábamos a punto de firmar el contrato cuando mi mujer leyó la letra pequeña.	**We were about to sign the contract when my wife read the small print.**
Yo estaba a punto de llamarte cuando me llamaste.	**I was about to call you when you phoned.**
Estaban a punto de celebrar la victoria cuando encajaron un gol.	**They were about to celebrate winning when they let in a goal.**
Estaba a punto de dormirme cuando llamaste.	**I was about to go to sleep when you rang.**

Have just...

Cuando nos referimos a una cosa que se acaba de hacer utilizamos **el presente perfecto** con la palabra **"just"** intercalada entre el verbo **"have"** y el participio.

Acabo de hablar con él.	**I have just spoken to him.**
Le acaban de ascender.	**He's just been promoted.**
Él acaba de pedir su mano.	**He's just asked her to marry him.**
Acaban de marcharse.	**They've just left.**
Nuestra empresa acaba de ganar un premio.	**Our company has just won a prize.**

Es muy fácil convertir **'acabo de hacer'** en **'acababa de hacer'**.
Simplemente ponemos el verbo **"have"** en pasado así que
"I have just done" se transforma en **"I had just done"**.

Acababan de irse cuando llegué.	**They had just left when I arrived.**
Ella acababa de dejar de hablar cuando se desmayó.	**She had just finished speaking when she fainted.**
Acababa de empezar el partido cuando explotó la bomba.	**The match had just begun when the bomb went off.**
Yo acababa de comprar unas acciones cuando la bolsa se desplomó.	**I had just bought some shares when the stock market crashed.**
Yo acababa de terminar la cena cuando sonó el timbre.	**I had just finished my dinner when the door bell rang.**

Make up = Inventarse (historias)

Vamos a ver dos de esos terribles verbos compuestos o *phrasal verbs* que tanto abundan en la lengua anglosajona y que tantos problemas provocan entre los españoles. Vamos a limitarnos a dos verbos para aprenderlos bien. Menos es siempre más en el aprendizaje de un idioma. Es mucho mejor consolidar en la memoria dos cosas que marearse con diez que con el tiempo se olvidan.

Patrick se inventa unas historias muy entretenidas.	**Patrick makes up really entertaining stories.**
Me estoy inventando esta historia sobre la marcha.	**I'm making up this story as I go along.**
¿Te inventaste esa historia?	**Did you make that story up?**
¿Eres bueno inventándote historias?	**Are you good at making up stories?**
Me inventé esa historia.	**I made that story up.**

Como ves, en todos los ejemplos de arriba figura un objeto sustantivo. Este objeto puede colocarse tanto después del verbo como después de la preposición que le acompaña. Sin embargo, cuando se trata de un pronombre, hay que colocarlo siempre entre el verbo y la preposición:

Me lo inventé.	**I made it up.**
Te lo estás inventando.	**You're making it up.**
¿Te lo estás inventando?	**Are you making it up?**
Si se te olvida el discurso, ¿te lo inventarás?	**If you forget your speech, will you make it up?**
Fueron historias interesantes, pero estaba claro que se las inventó.	**They were interesting stories but it was clear he made them up.**

Pick up = Recoger (objetos o personas)

Pasamos a otro verbo compuesto muy común. De nuevo, cuando lo empleamos con un sustantivo como objeto, la posición de éste puede estar entre el verbo y la preposición o detrás de la preposición.

Recogí a mis padres en el aeropuerto.	**I picked up my parents at the airport.**
¿Conseguiste recoger tu pasaporte?	**Did you manage to pick up your passport?**
Él recogió sus llaves del suelo.	**He picked his keys up off the floor.**
Un taxi recogerá a su jefe en el hotel.	**A taxi will pick your boss up at the hotel.**
¡Recoge tus juguetes!	**Pick up your toys!**

Igual que en la página anterior, cuando usamos un pronombre, sólo se puede poner entre el verbo y la preposición y nunca después. Esto sirve de regla general para la mayoría de los verbos compuestos: si quieres utilizar un pronombre, éste siempre va en medio.

Acaban de llamar desde la estación. ¿Puedes ir a recogerles?	**They've just phoned from the station. Can you go and pick them up?**
¿Me puedes recoger a las seis?	**Can you pick me up at 6:00 p.m?**
Se me cayó el libro y lo recogí.	**I dropped my book and picked it up.**
Si deja el abrigo en el guardarropa, no olvide recogerlo después de la función.	**If you leave your coat in the cloakroom, don't forget to pick it up after the performance.**
Te puedo recoger a las tres si quieres.	**I can pick you up at three o'clock if you like.**

What's it like? (I)

"What's it like?" es una pregunta muy común que puede prestar alguna confusión debido a la palabra *"like"*. En realidad no tiene nada que ver con el verbo *"like"* (el verbo aquí es *"to be"*). Se usa para decir **'¿qué tal?'** o **'¿cómo es?'** cuando preguntamos sobre algo.

¿Cómo está el tráfico en el centro de la ciudad?	**What's the traffic like in the city centre?**
¿Qué tiempo hace donde estás?	**What's the weather like where you are?**
¿Cúal es la situación en Oriente medio en este momento?	**What's the situation in the Middle East like at the moment?**
¿Qué tal tu libro?	**What's your book like?**
¿Cuáles son las perspectivas en tu trabajo nuevo?	**What are the prospects like in your new job?**

Por cierto, cuando contestamos a este tipo de preguntas nunca empleamos *"like"*. Aqui tienes algunos ejemplos en pasado.

¿Qué tal tu reunión?	**What was your meeting like?**
¿Qué tal la película?	**What was the film like?**
¿Qué tal el viaje?	**What was the journey like?**
¿Cómo fue la presentación?	**What was the presentation like?**
¿Cómo fueron las preguntas?	**What were the questions like?**

What's it like? (II)

Para averiguar la **personalidad de alguien** también utilizamos la **misma estructura**. Sin embargo, cuando preguntamos sobre el **estado de ánimo o de salud** de alguien se suele decir **"how are you?"**.

¿Cómo es tu padre? Es serio pero tiene bastante sentido del humor.	**What's your father like? He's serious but has a good sense of humour.**
¿Qué tal es tu jefa? Es muy exigente.	**What's your boss like? She's very demanding.**
¿Cómo son tus vecinos? Son simpáticos.	**What are your neighbours like? They're nice.**
¿Cómo era tu abuela? Era encantadora.	**What was your grandmother like? She was lovely.**
¿Cómo eras de niño? Era bastante travieso.	**What were you like as a child? I was quite naughty.**

A la hora de preguntar como es una persona físicamente (y no un objeto), usamos **"what"** + **"look like?"**.

¿Cómo es tu hermano físicamente? Es alto y rubio.	**What does your brother look like? He's tall and blonde.**
¿Cómo es tu mujer físicamente? Es guapa con fuertes rasgos españoles.	**What does your wife look like?She's beautiful and very Spanish-looking.**
¿Cómo es tu jefe físicamente? Es bajo, gordo y calvo.	**What does your boss look like?He's short, fat and bald.**
¿Cómo es tu profesora de inglés físicamente? Es castaña y lleva gafas.	**What does your English teacher look like? She has brown hair and wears glasses.**
¿Qué aspecto tenía tu bisabuelo? No sé que aspecto tenía.	**What did your great-grandfather look like? I don't know what he looked like.**

That looks difficult

Para decir que alguien o algo parece visiblemente cansado, inteligente o cualquier otro adjetivo, utilizamos el verbo **"look"** seguido por el adjetivo. **"To seem"** se usa más para impresiones abstractas y denota una opinión superficial, sin pruebas claras. Cuando estamos enseñando algo a alguien y queremos su opinión, empleamos la palabra **"how"**, como en el último ejemplo.

Eso parece difícil.	**That looks difficult.**
Ese cuadro parece antiguo.	**That painting looks old.**
Parecían cansados.	**They looked tired.**
Parecía interesada pero no estoy seguro.	**She seemed interested but I'm not sure.**
¿Qué te parece eso?	**How does that look?**

Para expresar nuestras opiniones sobre lo que oímos (por ejemplo, hablando por teléfono) empleamos el verbo **"sound"**. También cuando solicitamos una opinión sobre una idea, la pregunta empezará por la palabra **"how"**.

Eso parece interesante.	**That's sounds interesting.**
Ella parecía interesada. (por ejemplo)	**She sounded interested.**
Pareces cansado. (por teléfono)	**You sound tired.**
Parece simpática. (por teléfono)	**She sounds nice.**
¿Qué te parece eso?	**How does that sound?**

Look like

Para decir **'parecerse a algo o a alguien'** el verbo que utilizamos es
"look like" + sustantivo o **"look like" + adjetivo + sustantivo**.

La pregunta **'¿a quién se parece él?'** sería **"who does he look like?"**.

Ella se parece a su madre.	**She looks like her mother.**
Alfonso XIII se parecía a Alfonso XII.	**Alfonso XIII looked like Alfonso XII.**
Hay un nuevo rascacielos en Londres que parece un pepinillo enorme.	**There's a new skyscraper in London that looks like a giant gherkin.**
¿A quién se parece tu hija?	**Who does your daughter look like?**
¿Tu hermano se parece a ti?	**Does your brother look like you?**

Sin embargo, cuando una persona tiene la misma voz o habla de la misma forma que otra el verbo indicado es **"sound like"**.

Me parezco mucho a mi hermano al teléfono.	**I sound just like my brother on the phone.**
Hablas como tu madre.	**You sound like your mother.**
La voz de Jessica suena como la de un pato.	**Jessica's voice sounds like a duck.**
Empiezas a hablar como un político.	**You're beginning to sound like a politician.**
Eso tiene pinta de ser una tarea difícil.	**That sounds like a difficult task.**

Miss vs Lose (I)

Hay mucha confusión entre el verbo **"miss"** y el verbo **"lose"**. Ambos significan **'perder'** en inglés. **"Miss"** significa **'perder'** en el sentido de **'no coger, no ver, no oír, no marcar, no aprovechar'**.

Se le pasaron tres errores en el texto.	**She missed three mistakes in the text.**
Debido al tráfico, perdimos el partido.	**Due to the traffic jam, we missed the match.**
Perdió una oportunidad de oro.	**He missed a golden opportunity.**
No puedo creer que fallara el penalti.	**I can't believe he missed the penalty.**
Lo siento, no oí lo que me dijiste.	**Sorry, I missed what you said.**

Sigamos con más ejemplos. Verás que **"miss"** también significa **'añorar'** o **'echar de menos'**.

Perdí el autobus así que tuve que coger un taxi.	**I missed the bus so I had to get a taxi.**
Al final, nos perdimos la reunión.	**In the end, we missed the meeting.**
Echo mucho de menos a mis amigos del pueblo.	**I really miss my friends from back home.**
Echo de menos gente con valores tradicionales.	**I miss people with traditional values.**
Echo de menos la comida de mi madre.	**I miss my mother's cooking.**

Miss vs Lose (II)

"Lose" es mucho más común que su hermana pequeña *"miss"*. Lo empleamos para decir **'perder'** en el sentido de **'no encontrar'** o **'no ganar'**.

He perdido las llaves de mi coche. No las encuentro en ninguna parte.	I've **lost** my car keys. I can't find them anywhere.
Perdí el papelito que me diste.	I **lost** the piece of paper you gave me.
¡Soy tan despistado! Siempre estoy perdiendo cosas.	I'm so absent-minded! I'm always **losing** things.
Ella siempre pierde jugando a las cartas.	She always **loses** at cards.
Perdieron el partido en el último minuto.	They **lost** the match in the last minute.

"Lose" es además el verbo que utilizamos cuando hablamos de perder a un ser querido. Además, normalmente **'me perdí'** no se dice *"I lost myself"*, sino *"I got lost"*.

Perdí a mi abuela cuando tenía veinte años.	I **lost** my grandmother when I was twenty.
En el desastre perecieron quince personas.	Fifteen lives were **lost** in the disaster.
Me perdí en los barrios pobres de Barcelona.	I **got lost** in the the back streets of Barcelona.
Cada vez que se pierde ella siempre pide ayuda.	Whenever she **gets lost** she always asks for help.
¿Me lo puedes repetir? Me estás liando.	Can you repeat that? You're **losing** me.

Must (I)

Se trata de un verbo modal que expresa la idea de **obligación** pero desde un punto de vista **subjetivo**. (Para obligaciones incontestables como leyes, hechos o situaciones usamos **"have to"**).

Le sigue siempre el verbo básico.

Tengo que cortarme el pelo. *(Porque me lo digo yo).*	**I must get my hair cut.**
Mi oculista dice que debo llevar gafas para leer. *(Porque lo dice ella).*	**My optician says I must wear glasses for reading.**
Tienes que ver aquella película; ¡es genial! *(Porque lo digo yo).*	**You must see that film; it's great!**
Tengo que ordenar mi mesa; está muy desordenada. *(Porque me lo auto-impongo).*	**I must tidy my desk; it's a real mess.**
¡Debes hacer un mayor esfuerzo con tu inglés! *(Porque lo digo yo).*	**You must make more of an effort with your English!**

Por cierto, en todos los ejemplos citados podríamos cambiar **"must"** por **"have to"**. También podemos emplear **"must"** respecto al futuro como ahora veremos.

Sin embargo, **"must"** no se emplea en el pasado.

Tengo que recordar llamar a mi madre mañana.	**I must remember to phone my mother tomorrow.**
Tenéis que venir a vernos cuando estéis en España.	**You must come and see us when you're in Spain.**
Tengo que estar en la entrevista a las 12.00 en punto.	**I must be at the interview at 12:00 a.m. sharp.**
Tienes que recordármelo cuando nos veamos la semana que viene.	**You must remind me when I see you next week.**
Tenemos que juntarnos durante las vacaciones.	**We must get together over the holidays.**

Must (II)

"Mustn't" expresa una prohibición o una obligación en negativo.

A diferencia de *"must"*, puede describir obligaciones/prohibiciones tanto personales como impersonales. Su uso se limita al presente y al futuro.

No debes pisar el césped.	**You mustn't walk on the grass.**
No debo olvidar hacer mi declaración de la renta.	**I mustn't forget to do my tax return.**
No debes discutir con tu profesora.	**You mustn't argue with your teacher.**
No debes olvidar ponerte el cinturón.	**You mustn't forget to wear a seatbelt.**
No debes sobrepasar el límite de velocidad.	**You mustn't break the speed limit.**

"Mustn't" no se puede sustituir por *"don't have to"* ya que significan dos cosas distintas. *"Don't have to"* indica que algo no es absolutamente obligatorio, que no es necesario.

No tienes que estar allí temprano para conseguir una entrada.	**You don't have to be there early to get a ticket.**
No tienes que matarte para que te asciendan.	**You don't have to kill yourself to get promoted.**
Él no tiene porque ser guapo para impresionar a Jane.	**He doesn't have to be good-looking to impress Jane.**
No tienes que volverte loco para perder unos kilos.	**You don't have to go crazy in order to lose weight.**
No tienes que llevar corbata a la reunión.	**You don't have to wear a tie to the meeting.**

Must (III)

Como ocurre con el verbo equivalente en castellano **'deber'**, **"must"** tiene dos usos diferentes. Ya hemos visto su empleo para expresar obligación.

Ahora estudiaremos como se utiliza cuando llegamos a una conclusión lógica.

Como buen auxiliar, siempre va acompañado por el verbo básico.

Paul llegó a la fiesta en helicóptero. Llegas a la siguiente conclusión:
Debe de estar forrado.

Paul arrived at the party by helicopter. You conclude:
He must be loaded.

"No he comido en tres días." Llegas a la siguiente conclusión:
Debes de tener mucha hambre.

I haven't eaten for three days. You conclude:
You must be very hungry.

"No he dormido en 48 horas." Llegas a la siguiente conclusión:
Debes de tener mucho sueño.

I haven't slept for 48 hours. You conclude:
You must be very tired.

Ellos no cogen el teléfono de su casa. Llegas a la siguiente conclusión:
Deben de estar fuera.

They aren't answering their phone at home. You conclude:
They must be out.

Ella va a misa todos los domingos. Llegas a la siguiente conclusión:
Debe de ser católica.

She goes to mass every Sunday. You conclude:
She must be Catholic.

¡Cuidado! ¡Cuidado! ¡Cuidado!

Para expresar una suposición en negativo, no se dice **"mustn't"** sino **"can't"**.

Por supuesto, también le sigue el verbo básico.

Acabo de comer tres platos y digo "tengo hambre." Me dices:
¡No puedes tener hambre!

I've just eaten a three-course meal and say "I'm hungry." You say to me:
You can't be hungry!

He dormido 16 horas seguidas y digo "Tengo sueño." Me dices:
¡No puedes tener sueño!

I've slept for 16 hours and say "I'm tired." You say to me:
You can't be tired!

Hablo de mi primo que lleva 15 años trabajando como escritor inédito. Me dice:
No debe de ser muy bueno.

I talk about my cousin who's worked as an unpublished writer for 15 years. You say to me:
He can't be very good!

Hablo de mi prima que odia su trabajo, a su marido y a su suegra pero que está feliz. Me dices:
No puede estar tan feliz.

I talk about my cousin who hates her job, her husband and her mother-in-law but is happy. You say to me:
She can't be that happy!

Hablo de mi tío millonario y ¡comunista! Me dices:
¡No puede ser comunista!

I speak about my millionaire communist uncle. You say to me:
He can't be a communist!

Must (IV)

Cuando queremos hablar de una suposición respecto al pasado usamos siempre la misma estructura para todas las personas gramaticales:

"must have" más el participio perfecto del verbo en cuestión.

Acabas de ver en un museo un pantalón de Napoleón. Llegas a la siguiente conclusión:
Debe de haber sido muy bajito.

You've just seen a pair of Napoleon's trousers in a museum. **You conclude:**
He **must have been** short.

Un amigo te cuenta la noche que pasó bajo la nieve en la montaña. Le dices:
Debes de haber pasado mucho frío.

A friend tells you of the night he spent in the snow in the mountains. **You say to him:**
You **must have been** freezing.

Otro amigo te cuenta como vio a un tiburón mientras nadaba. Le dices:
Debes de haber pasado mucho miedo.

Another friend tells you of how he saw a shark whilst swimming. **You say to him:**
You **must have been** terrified.

Tu mujer te cuenta como su abuelo comía ocho churros al día. Llegas a la siguiente conclusión:
Debe de haber estado muy gordo.

Your wife tells you how her grandfather used to eat eight churros a day. **You conclude:**
He **must have been** fat.

Tus amigos deberían haber llegado a las 19.00. Ahora son las 21.15. Llegas a la siguiente conclusión:
Deben de haberse perdido.

Your friends should have arrived at 7:00 p.m. It's now 9:15 p.m. **You conclude:**
They **must have got** lost.

Para la forma negativa, igual que en el presente, se recurre al verbo **"can"**. La estructura es **"can't have"** más el participio perfecto del verbo.

Lo que estamos expresando en este caso es nuestra incredulidad.

Te acaban de contar que el Real Aranjuez ha ganado contra el Valencia. Dices, incrédulo:
¡No pueden haberle ganado al Valencia!

You've just been told that Real Aranjuez has beaten Valencia. **You say in disbelief:**
They **can't have beaten** Valencia.

Tu marido te cuenta que no encuentra su coche. Dices, incrédula:
No puedes haber perdido el coche.

Your husband tells you he can't find his car. **You say in disbelief:**
You **can't have lost** your car.

Después de cinco minutos tu hija te dice que ya ha acabado sus deberes. Dices, incrédulo:
No puedes haber terminado tus deberes ya.

After five minutes your daughter tells you she has finished her homework. **You say in disbelief:**
You **can't have finished** your homework yet.

Tu mujer es la exageración personificada y te cuenta su horrible experiencia en el supermercado. Dices, incrédulo:
¡No puede haber sido tan horrible!

Your wife, exaggeration personified, tells you of her awful experience in the supermarket. **You say in disbelief:**
It **can't have been** that bad!

Un compañero te cuenta como vuestro jefe le insultó. Dices, incrédulo:
No puede haber dicho eso.

A colleague tells you how your boss insulted him. **You say in disbelief:**
He **can't have said** that!

Ask for

Mucha gente tiene dudas con los verbos **'pedir'** o **'preguntar'** en inglés.
Aclarémoslo de una vez por todas.
El verbo **'pedir algo'** o **'preguntar por algo'** es **"to ask for"**.
No olvides la preposición. Cuando hay un complemento indirecto se coloca
entre **"ask"** y **"for"**.

Voy a pedir la cuenta.	**I'm going to ask for the bill.**
Pediré un bolígrafo.	**I'll ask for a pen.**
Ella me pidió un favor.	**She asked me for a favour.**
Pregunta por Juan en recepción.	**Ask for Juan at reception.**
Los trabajadores piden un aumento de sueldo.	**The workers are asking for a pay rise.**

Sin embargo, para **'solicitar hacer algo'** o **'pedir que alguien haga algo'** en inglés
usamos el verbo **"ask"** más el infinitivo.
En el segundo caso hace falta incluir un objeto/pronombre objeto
inmediatamente después del verbo.

Solicité ir.	**I asked to go.**
Le pedí a ella que me acompañara.	**I asked her to come with me.**
Nos pidieron que volviésemos más tarde.	**They asked us to come back later.**
Ella solicitó ser considerada para el puesto.	**She asked to be considered for the position.**
¿Le pedirás (a él) que me llame?	**Will you ask him to call me?**

Ask a question / Indirect questions

¡Error del siglo! Nunca jamás se dice *"to make a question"*.

Repítelo diez mil veces... **"to ask a question... to ask a question... to ask a question..."**

El verbo **"ask"**, sin más adorno, significa **'preguntar'**.

¿Te puedo hacer una pregunta?	**Can I ask you a question?**
¿Alguien hizo una pregunta?	**Did anyone ask a question?**
Acabas de hacer una pregunta interesante.	**That's an interesting question you've just asked.**
Hacedme unas preguntas.	**Ask me some questions.**
Sólo pregunto.	**I'm only asking.**

Preguntas indirectas. Observarás que en todos los ejemplos abajo, después de **"what / where"**, etc viene el **sujeto y luego el verbo** ya que no se trata de preguntas directas.

Ella me preguntó cómo me llamaba.	**She asked me what my name was.**
Le preguntaré dónde vive.	**I'll ask him where he lives.**
¿Le preguntaste (a ella) la hora?	**Did you ask her what time it was?**
¿Te puedo preguntar qué opinas?	**Can I ask you what you think?**
Le pregunté a Fiona qué parte cambiaría.	**I asked Fiona what part she would change.**

Sujeto
Verbo

Some & Any (I)

Cuando queremos hablar de una cantidad indeterminada de un sustantivo incontable (azúcar, vino, agua etc.) con un verbo en afirmativo, **"some"** precede al nombre.

Por cierto, no se pronuncia /som/ sino **/sáam/**.

Cuando el sustantivo incontable es el sujeto del verbo, este último tiene que ir en singular.

Conseguí ahorrar algo de dinero el mes pasado.	**I managed to save some money last month.**
Hay azúcar en la estantería de arriba.	**There's some sugar on the top shelf.**
Me apetece mucho tomar vino con la cena.	**I really feel like some wine with dinner.**
Te has manchado la camisa con tinta.	**You've spilt some ink on your shirt.**
Creo que necesito agua; me siento algo mareado.	**I think I need some water; I'm feeling a bit faint.**

Sin embargo, en cuanto empleamos un verbo en negativo, **"some"** se convierte en **"any"**.

Una vez más, ten cuidado con la pronunciación: no se dice /ani/ sino **/eni/**.

* Verás que algunos sustantivos contables en castellano no lo son en inglés.

No me queda cerveza en la nevera.	**I don't have any beer left in the fridge.**
Todavía no tenemos muebles en el piso.	**We haven't got any furniture* in the flat yet.**
No hay leña en la leñera.	**There isn't any wood in the woodshed.**
No quiero hielo en mi ginebra.	**I don't want any ice in my gin.**
No me dieron ningún buen consejo.	**They didn't give me any good advice*.**

Some & Any (II)

Normalmente cuando formulamos una pregunta sobre un sustantivo incontable se emplea la palabra **"any"**.

¿Tienes pegamento?	**Do you have any glue?**
¿Hay miel en el armario?	**Is there any honey in the cupboard?**
¿Comiste marisco cuando estuviste en Galicia?	**Did you eat any seafood when you were in Galicia?**
¿Había nieve en la sierra?	**Was there any snow in the mountains?**
¿Compraste agua mineral?	**Did you buy any mineral water?**

Sin embargo, cuando ofrecemos algo usando una pregunta y creemos con bastante certeza que nos van a contestar **'sí'**, se usa **"some"**.

¿Te apetece un té?	**Would you like some tea?**
¿Te apetece un poco de caviar?	**Would you care for some caviar?**
¿Te apetece un café?	**Do you feel like some coffee?**
¿Te apetece algo de comer?	**Do you fancy some food?**
¿Te apetece un poco de champagne?	**How about some champagne?**

Some & Any (III)

Cuando hablamos de un número indeterminado de objetos en una oración afirmativa empleamos la palabra **"some"**.

Equivale a **'unos'** y **'algunos'**. No olvides que se pronuncia **/sáam/** y no /som/.

Él ha salido a comprar clavos.	He's gone out to buy some nails.
Ella quiere que yo saque a relucir algunos temas en la reunión.	She wants me to bring up some points at the meeting.
Vi unos jilgueros en el parque el otro día.	I saw some goldfinches in the park the other day.
Queremos comprar unas toallas cuando vayamos a Portugal.	We want to buy some towels when we go to Portugal.
Mi tío tiene algunos libros valiosos en su biblioteca.	My uncle has some valuable books in his library.

El equivalente de **"some"** cuando el verbo está en negativo es **"any"**.

Aunque normalmente en castellano no existe un equivalente (ver ejemplos), su uso es casi obligatorio en inglés.

No encontré zapatos de mi gusto.	I couldn't find any shoes I liked.
No tuvieron problemas.	They didn't have any problems.
¡Es asombroso! Él no tiene libros.	It's amazing; he doesn't have any books!
No veo hormigas por ninguna parte.	I can't see any ants anywhere.
No han marcado goles en toda la temporada.	They haven't scored any goals all season.

Some & Any (IV)

"Any" también se emplea para preguntar sobre un número indeterminado de objetos.

Su uso es obligatorio a pesar de no estar representado en el castellano.

¿Te compraste ropa?	**Did you buy any clothes?**
¿Has visto unos trapos en el garaje?	**Have you seen any cloths in the garage?**
¿Tu gato perdió uñas en la pelea?	**Did your cat lose any claws in the fight?**
¿Hay clavo (culinario) en el armario?	**Are there any cloves in the cupboard?**
¿Mozart escribió conciertos para teclado?	**Did Mozart write any keyboard concertos?**

A veces, cuando damos por hecho una contestación afirmativa a nuestra pregunta, se puede usar *"some"* en el interrogativo aunque *"any"* vale para todos los casos.

¿Te apetecen unos profiteroles?	**Would you like some profiterolles?**
¿Te trajo Papa Noél regalos bonitos?	**Did you get some nice presents from Father Christmas?**
¿Viste buenos partidos durante el Mundial?	**Did you see some good matches during the World Cup?**
¿Tienes cerillas para las velas?	**Do you have some matches for the candles?**
¿Encontraste alguna ganga en las rebajas?	**Did you find some bargains in the sales?**

Something / Anything

La palabra para decir **'algo'** se pronuncia **/sáamzing/**.

Su uso se limita a frases en afirmativo.

Cuando actúa como sujeto de una frase hay que emplear el singular del verbo.

Comeré algo en la estación.	I'll eat something at the station.
Quiero hacer algo al respecto.	I want to do something about it.
Hay que hacer algo respecto a este problema.	Something has to be done about this problem.
Hay algo en él que no me gusta.	There's something about him I don't like.
¡Tienes algo entre los dientes!	You've got something in your teeth!

Cuando queremos expresar **'algo'** en el contexto de una pregunta, en vez de **"something"** decimos **"anything"**.

No se pronuncia /ani-/ sino **/enizing/**.

¿Viste algo?	Did you see anything?
¿Pasó algo interesante?	Did anything interesting happen?
¿Aprendiste algo?	Did you learn anything?
¿Hay algo que te da miedo?	Does anything scare you?
¿Hay algo que pueda hacer?	Is there anything I can do?

Anything / Nothing

En matemáticas dos negativos son igual a un positivo.

En el inglés también. Después de un verbo en negativo o de una partícula negativa, usamos **"anything"** para decir '**nada**' como objeto del verbo.

No me acuerdo de nada.	**I can't remember anything.**
Ella no compró nada.	**She didn't buy anything.**
Nunca he oído hablar de ello.	**I've never heard anything about it.**
Supongo que no te dirán nada nuevo.	**I don't suppose they'll tell you anything new.**
La investigación no desveló nada de interés.	**The investigation didn't reveal anything of interest.**

Cuando '**nada**' es el sujeto de una frase utilizamos **"nothing"**. Según la lógica matemática ya citada, el verbo tiene que emplearse en afirmativo. El uso de **"nothing"** como objeto (también con verbo en afirmativo) es enfático y, por lo tanto, poco común. Se pronuncia **/náazing/** y no /nozing/.

Ya no se puede hacer nada para salvarle.	**Nothing can be done to save him now.**
Realmente ya nada tiene importancia.	**Nothing really matters any more.**
Nada sabe como el jamón ibérico.	**Nothing tastes quite like Spanish ham.**
No quedó nada tras el ataque.	**Nothing was left after the attack.**
No pudo pensar en nada que decir.	**He could think of nothing to say.**

Anything

¡Ojo! Cuando una frase empieza por **"anything"** quiere decir **'cualquier cosa'**, es decir, todo lo contrario a 'nada'.

Conviene practicarlo para que se grabe en la memoria.

¡Cualquier cosa es mejor que trabajar los domingos!	**Anything is better than working on Sundays!**
Cualquier cosa puede afectar al rendimiento de las acciones.	**Anything can affect share performance.**
¡Cualquier cosa valdrá!	**Anything will do!**
Cualquier cosa puede dañar la moral de los empleados.	**Anything can damage employee morale.**
¡Cualquier cosa es mejor que ir a trabajar!	**Anything beats going to work!**

También como objeto de un verbo en afirmativo, **"anything"** significa **'cualquier cosa'**. Memorízalo porque se trata de uno de los malentendidos más extendidos entre los españoles.

Con tu talento eres capaz de hacer cualquier cosa.	**With your talent, you're capable of doing anything.**
Él no es quisquilloso, come cualquier cosa.	**He's not fussy at all; he'll eat anything.**
Ella está loca por cualquier cosa que tenga que ver con el cine italiano.	**She's passionate about anything to do with Italian films.**
Yo haría cualquier cosa por poder jugar al tenis como él.	**I'd do anything to be able to play tennis like him.**
Él hará lo que ella quiera.	**He'll do anything she wants.**

El artículo: the

En inglés, cuando hablamos de cosas en general no utilizamos el artículo **"the"**, al contrario que en castellano.

Los hombres no entienden a las mujeres.	**Men don't understand women.**
En general, a los españoles les gusta ir a la playa.	**In general, Spaniards like going to the beach.**
A las mujeres les gusta recibir flores.	**Women like getting flowers.**
Los cigarros son malos para la salud.	**Cigarettes are bad for your health.**
Los aviones son más seguros que los coches.	**Planes are safer than cars.**

En cambio, cuando se habla de cosas específicas, sí empleamos el artículo.

Ninguno de los hombres que conozco entiende a las mujeres.	**None of the men I know understands women.**
A los españoles que conocí en el avión les gusta ir a la playa.	**The Spaniards I met on the plane like going to the beach.**
A todas las mujeres con quienes he salido les gustaba recibir flores.	**All the women I've been out with liked getting flowers.**
Los cigarros que fuma él son especialmente malos para la salud.	**The cigarettes he smokes are particularly bad for your health.**
Los aviones que tiene mi amigo el empresario no son muy seguros.	**The planes my friend, the entrepreneur, owns are not very safe.**

An

Normalmente, el artículo indefinido **"a"** se convierte en **"an"** cuando precede a una palabra que empieza por vocal. También sucede cuando va delante de un vocablo que empieza por una **"h"** silenciosa como en las palabras **"hour, heir, honorable, honour"**.

El niño se comió una manzana mientras esperaba.	**The boy ate an apple while he was waiting.**
El jefe de mi amigo es egipcio.	**My friend's boss is an Egyptian.**
Creo que oigo a un búho.	**I think I can hear an owl.**
Un tío mío cría abejas.	**An uncle of mine keeps bees.**
Tengo una hora para llegar al aeropuerto.	**I have an hour to get to the airport.**

Todo muy sencillo. Sin embargo, se tiende a olvidar esta regla básica cuando antecede a un adjetivo. De todos modos, la **"n"** en **"an"** no se pronuncia como la **"n"** de **'ellos van, comen, compran'** sino que es mucho más fuerte. Piensa que en vez de decir **"an egg"** se dice **"a negg"**. Aplica este truco a todos los ejemplos de esta página.

Ésa es una idea interesante.	**That's an interesting idea.** *(A Ninteresting)*
He tenido un día horrible.	**I've had an awful day.** *(A Nawful)*
Él es un importante cliente nuestro.	**He's an important client of ours.** *(A Nimportant)*
Su jefe (de ella) es una mujer impaciente.	**Her boss is an impatient lady.** *(A Nimpatient)*
Es un proyecto emocionante, ése en el que estás trabajando.	**That's an exciting project you're working on.** *(A Nexciting)*

Casos especiales: a - an

Muchas siglas requieren el artículo **"an"** a pesar de contener consonantes. Esto es debido a que pronunciamos muchas letras del alfabeto como si empezaran por vocal. Por ejemplo: **F /ef/, H /eich/, L /el/, M /em/, N /en/, R /ar/, S /es/, X /ex/**.

Estoy pensando en hacer un MBA el año que viene.	**I'm thinking of doing an MBA next year.**
El vecino de mis padres era oficial de la SAS.	**My parents' neighbour used to be an SAS officer.**
Hay un dispositivo luminoso que se ilumina cuando hay poca batería.	**There's an LED that lights up when the batteries are low.**
El hombre fue interrogado por un agente del FBI.	**The man was interrogated by an FBI agent.**
Mi amigo Enrique es responsable de RRHH en una multinacional.	**My friend Enrique is an HR manager in a multinational.**

¡Ojo con las palabras que empiezan con la **"u"**!

Cuando la **"u"** se pronuncia como **"you"** no empleamos **"an"** sino **"a"**. Ejemplos: **"uniform, union, unite, unique, universal, u-turn, user, useful"**, etc.

Esta es una oportunidad única.	**This is a unique opportunity.**
Necesitamos formar un frente unido.	**We need to present a united front.**
Un móvil es un aparato útil.	**A mobile phone is a useful device.**
El Primer Ministro dió un giro político de 180 grados.	**The Prime Minister did a political u-turn.**
A mi hijo no le gusta llevar uniforme.	**My son doesn't like wearing a uniform.**

Despite

En inglés, hay dos formas de decir **'a pesar de'**.

Primero nos centraremos en **"despite"** que se pronuncia **/dispayt/** y no /despite/.

Al contrario que en castellano y que su sinónimo inglés (ver página siguiente), no lleva preposición. Empezamos con ejemplos seguidos por sustantivos.

A pesar del calor, fueron a dar un paseo.	**Despite the heat, they went for a walk.**
A pesar de mi acento, me puedes entender.	**Despite my accent, you can understand me.**
A pesar de la demora, llegaremos a tiempo.	**Despite the delay, we'll arrive on time.**
A pesar de las quejas, no dejaron de construir.	**Despite the complaints, they didn't stop building.**
A pesar de todos los problemas, lo hiciste.	**Despite all the problems, you did it.**

Ahora lo difícil. Cuando a **"despite"** le sigue un verbo (**normalmente con un sujeto distinto al que aparece en la siguiente cláusula**) hay que decir **"despite the fact that" + sujeto + verbo**.

Los anglohablantes tendemos a emitir estas cuatro palabras como si fuesen balas de metralleta; así que hay que practicar los ejemplos 55 veces para poder decirlos de forma natural.

A pesar de que hacía calor, fueron a dar un paseo.	**Despite the fact that it was hot, they went for a walk.**
A pesar de que tengo acento, me puedes entender.	**Despite the fact that I have an accent, you can understand me.**
A pesar de que mi equipo era el favorito, el equipo de mi hermano ganó el partido.	**Despite the fact that my team was the favourite, my brother's team won the match.**
A pesar de que el director estaba en contra, la huelga se celebró.	**Despite the fact that the director was against it, the strike went ahead.**
A pesar de que está lloviendo, voy a trabajar en el jardín.	**Despite the fact that it's raining, I'm going to do some gardening.**

In spite of

La otra forma de decir **'a pesar de'** es **"in spite of"**.

Bastante parecida a **"despite"**, ésta sí lleva preposición.

Realmente no tenemos preferencia en utilizar una u otra.

A pesar de los nervios, tocó muy bien.	**In spite of his nerves, he played very well.**
A pesar del ruido, ella terminó la novela.	**In spite of the noise, she finished the novel.**
A pesar de la confusión, firmaron el contrato.	**In spite of the confusion, they signed the contract.**
A pesar de la cantidad de trabajo, se fue de la oficina temprano.	**In spite of the amount of work, he left the office early.**
A pesar de las distancias que les separan, se ven a menudo.	**In spite of the distance that separates them, they see each other often.**

Igual que en la página anterior, en cuanto ponemos un verbo
con un sujeto diferente después, hay que añadir **"the fact that"**.

A pesar de que mi marido no fue, me lo pasé muy bien.	**In spite of the fact that my husband didn't go, I had a good time.**
A pesar de que las matemáticas no son mi fuerte, aprobé el examen.	**In spite of the fact that maths isn't my strong point, I passed the exam.**
A pesar de que el libro era gordo, lo terminé en una semana.	**In spite of the fact that the book was thick, I finished it in a week.**
A pesar de que el árbol les cayó encima del coche, salieron ilesos.	**In spite of the fact that the tree fell on their car, they escaped unhurt.**
A pesar de que el tipo hipotecario ha subido mucho, dispongo de más dinero ahora que hace tres años.	**In spite of the fact that the mortgage rate has gone up a lot, I have more money now than three years ago.**

Keep going!

Utilizamos el verbo **"to keep"** con el gerundio (**"-ing"**) en el imperativo para decir o animar a alguien a que siga haciendo algo.

¡Sigue! ¡Ya casi estás!	**Keep going! You're nearly there!**
Tienes que seguir intentándolo. Algún día conseguirás un trabajo.	**You must keep trying. You'll get a job one day.**
¡Sigue buscando! No va a venir a buscarte.	**Keep looking! It won't jump out at you.**
¡Sigue intentándolo! Al final te lo cogerán. (al teléfono)	**Keep trying! You'll get through eventually.**
¡Sigan mandándonos sus donativos! Hay que recaudar el máximo dinero posible.	**Keep sending in your donations! We need to raise as much money as possible.**

Con el imperativo negativo **"Don't keep + ing"** el significado es **'Deja de...'** Se emplea mucho con los niños.

¡Deja de hacer preguntas estúpidas!	**Don't keep asking stupid questions!**
¡Deja de quitarte los zapatos!	**Don't keep taking your shoes off!**
¡Deja de gastar tu paga en caramelos!	**Don't keep spending your pocket money on sweets!**
¡Deja de llamar a mamá al trabajo cuando no sea importante!	**Don't keep calling Mummy at work when it's not important!**
¡Por favor, deja de dar patadas a mi asiento! (en el coche)	**Please don't keep kicking the back of my seat! (in the car).**

He keeps annoying me!

Hay una forma del verbo **"to keep"** + **gerundio** que los españoles no suelen utilizar. Sin embargo se trata de una expresión de uso frecuente.
"Keep" + **"ing"** = **'No dejar/no parar de hacer algo'**. Utilizamos este verbo cuando nos sentimos algo molestos o enojados.

Esa empresa de telemarketing no para de llamarme.	**That telemarketing company keeps (on) phoning me.**
Mi vecina no para de hablar de sus nietos.	**My neighbour keeps (on) going on about her grandchildren.**
Mi dentista no deja de cancelarme las citas.	**My dentist keeps (on) cancelling my appointments.**
Cuando era joven, mi hermano no dejaba de pegarme.	**When I was young, my brother kept (on) hitting me.**
Mi jefe no deja de darme trabajo.	**My boss keeps (on) giving me work!**

"To keep doing something" = **"To keep (on) doing something".**
Habrás visto que he puesto entre paréntesis la preposición **"on"**.
Ambas expresiones son sinónimas.
Aunque se usa menos, es importante reconocerla por si la escuchas alguna vez.

Él no deja de molestarme con sus problemas.	**He keeps (on) annoying me with his problems.**
A pesar de mis protestas, no deja de poner la música fuerte.	**Despite my protests, he keeps (on) playing his music loud.**
Mi impresora no deja de atascarse.	**My printer keeps (on) jamming.** ("Jam": como "traffic jam")
Ese empleado nuevo no deja de coquetear con las chicas de la oficina.	**That new employee keeps (on) chatting up the girls in the office.**
Mi coche no deja de calarse.	**My car keeps (on) stalling.**

I keep burning the toast!

Cuando estamos enfadados con nosotros mismos o queremos reírnos de nuestra propia estupidez, incompetencia o ineptitud, también utilizamos el verbo **"to keep" + "ing"**. Como es muy sano reconocer nuestras limitaciones, considero esta expresión de gran utilidad.

¡Qué torpe soy! No paro de quemar las tostadas.	**I'm such a disaster! I keep burning the toast!**
Siempre me quedo dormido en el tren y me paso mi parada.	**I keep going to sleep on the train and missing my stop.**
No dejaba de llamarle Susan. (Se llama Jennifer)	**I kept calling her Susan. (Her name is Jennifer)**
No dejo de marcar el número equivocado.	**I keep dialling the wrong number.**
No paro de tropezarme hoy.	**I keep tripping up today.**

La idea sigue siendo la de **'no paro de'**, **'no dejo de'** o **'siempre'**. Lo decimos mucho con el verbo **"to forget"**.

Siempre se me olvida echar la carta.	**I keep forgetting to post the letter.**
Siempre se me olvida llamarla para hablar de ello.	**I keep forgetting to call her about it.**
Siempre se me olvida su nombre.	**I keep forgetting his name.**
Siempre se me olvida que él ya no trabaja aquí.	**I keep forgetting he doesn't work here any more.**
Se me olvidaba que sólo era una película.	**I kept forgetting it was only a film.**

To find out

Es un verbo compuesto muy utilizado por los anglohablantes, pero poco utilizado por los españoles.

Principalmente significa **'Enterarse de algo'**.

Ojo con la pregunta **'¿Te has enterado?'**: no utilizamos *"to find out"* sino *"to hear"*: *"Have you heard?"*

¿Cuándo te enteraste de la verdad?	**When did you find out the truth?**
¿Por quién te enteraste?	**Who did you find out from?**
Me enteré por Susan.	**I found out from Susan.**
¡Él no se enteró hasta la semana pasada!	**He only found out last week!**
Se enteraron del resultado escuchando la radio.	**They found out about the result by listening to the radio.**

"To find out" también significa **'averiguar'** (pero no en el sentido de calcular o razonar). No olvides que tanto el pasado simple como el participio perfecto de *"find out"* es *"found out"*.

¿Qué has podido averiguar?	**What have you been able to find out?**
Ve a ver si puedes averiguar por qué hay todo ese ruido.	**Go and see if you can find out what all that noise is about.**
Necesito averiguar qué está causando la gotera.	**I need to find out what's causing the leak.**
Buscando en los archivos, pude averiguar la profesión de mi bisabuelo.	**By looking through the archives I was able to find out my great grandfather's profession.**
Averigua si tu hijo es un superdotado.	**Find out if your child is highly gifted.**

To run out (of)

Un verbo muy útil que empleamos para decir que **'se ha acabado algo'** o **'quedarse sin'**.

Si va con objeto, hay que usar las dos preposiciones seguidas antes del objeto.

Me he quedado sin leche.	I've **run out of** milk.
Se me están acabando las ideas.	I'm **running out of** ideas.
Se quedaron sin gasolina en la autopista.	They **ran out of** petrol on the motorway.
Me quedé sin dinero a las diez así que tuve que ir a un cajero automático.	I **ran out of** money at ten so I had to go to a cash machine.
¿Qué harías si te quedaras sin agua en medio del Sahara?	What would you do if you **ran out of** water in the middle of the Sahara desert?

Cuando ya hemos mencionado el objeto **no hace falta usar un pronombre con este verbo**. En estos casos tampoco empleamos la segunda preposición **"of"**.

Otra cosa: como verbo intransitivo (que no lleva objeto), significa **'caducar'**.

¿Tienes azúcar? No, se me acabó ayer.	Do you have any sugar? No, I **ran out** yesterday.
¿Llevas dinero encima? No, se me ha acabado.	Have you got any cash on you? No, I've **run out**.
¿Tuvisteis bastante gasolina para volver a casa? No, nos quedamos a cinco kilómetros de casa.	Did you have enough petrol to get back home? No, we **ran out** five miles short of our house.
Me caduca el visado al final de este mes.	My visa **runs out** at the end of this month.
Tengo que renovar mi suscripción al Vaughan Review ya que caduca el mes que viene.	I must renew my subscription to *The Vaughan Review* as it **runs out** next month.

Lo más importante

Cuando uno aprende un idioma todo es importante: la constancia, la perseverancia, la paciencia, perder el sentido del ridículo, el repaso continuo... pero lo más importante es: **el estudio a diario** (10 minutos es suficiente). Empezamos:

Lo más importante es...	**The most important thing is...**
Lo más preocupante es...	**The most worrying thing is...**
Lo más interesante de este tema es...	**The most interesting thing about this matter is...**
Lo mejor de la película fue...	**The best thing about the film was...**
Lo peor de la reunión fue...	**The worst thing about the meeting was...**

Es curioso ver la importancia que puede tener una sola palabra. En todos estos ejemplos, las frases sonarían fatal sin la palabra *"thing"*.

Lo más curioso de Madrid es...	**The most intriguing thing about Madrid is...**
Lo más frustrante del inglés es...	**The most frustrating thing about English is...**
Lo más difícil es entender.	**The most difficult thing is to understand.**
Lo más raro de los ingleses es...	**The funniest thing about the English is...**
Lo más fácil es rendirse.	**The easiest thing is to give up.**

I'm glad I came

Una frase muy común digna de un ratito de estudio. Nuestra expresión para **'me alegro de haber hecho...'** requiere dos sujetos. En todos los ejemplos de abajo el sujeto es el mismo. No obstante, hace falta repetirlo.

Me alegro de haber venido.	**I'm glad** I came.
Me alegro de haber hecho el esfuerzo de venir.	**I'm glad** I made the effort to come.
Me alegro de haber tenido bastante dinero para pagar el taxi.	**I'm glad** I had enough money on me to pay for the taxi.
Me alegro de haber encontrado mi tarjeta de crédito.	**I'm glad** I found my credit card.
Me alegro de haberte llamado.	**I'm glad** I called you.

Como ves, **si nos referimos al pasado, utilizamos el pasado simple**. No compliques la frase introduciendo un infinitivo perfecto que sería un simple *Espanglicismo*. Ahora con el segundo verbo en negativo:

Me alegro de no haber ido a la fiesta.	**I'm glad** I didn't go to the party.
Me alegro de no haber comprado aquella casa.	**I'm glad** I didn't buy that house.
Me alegro de no haber dicho nada.	**I'm glad** I didn't say anything.
Me alegro de no haber tenido que ir a la conferencia.	**I'm glad** I didn't have to go to the conference.
Me alegro de no haber tenido que cambiar los neumáticos.	**I'm glad** I didn't need to change my tyres.

I'm glad you won

Cuando nos alegramos por otra persona, la estructura es la misma. No olvides la importancia de pronunciar la **"m"** de **"I'm"** cerrando los labios.

Me alegro de que consiguieras terminar tu novela.	**I'm glad** you **managed to finish your novel.**
Me alegro de que él pudiera ayudarnos.	**I'm glad** he **was able to help us.**
Me alegro de que se fueran temprano.	**I'm glad** they **went early.**
Me alegro de que finalmente encontraras un buen trabajo.	**I'm glad** you **finally found a good job.**
Me alegro de que mi jefe me pidiera que le ayudara con el proyecto.	**I'm glad** my **boss asked me to help him with the project.**

Ahora veremos otros ejemplos con el segundo verbo en negativo.

Me alegro de que no tuvieras que llamar al fontanero.	**I'm glad** you **didn't have to call the plumber out.**
Me alegro de que ella no me pidiera que fuera.	**I'm glad** she **didn't ask me to go.**
Me alegro de que no lloviera.	**I'm glad** it **didn't rain.**
Me alegro de que no fuera importante.	**I'm glad** it **wasn't important.**
Me alegro de que no pudieran venir.	**I'm glad** they **couldn't make it.**

Until vs. Up to

Empleamos *"until"* para decir **'hasta'** con **una referencia en el tiempo** (día, mes, hora o acción en concreto.)

Tienes hasta el próximo viernes para terminar el proyecto.	**You've got until next Friday to finish the project.**
No me iré hasta que llegues.	**I won't go until you arrive.**
Se quedará allí hasta que se muera.	**He will stay there until he dies.**
No lo sabré hasta que no se publiquen los resultados.	**I won't know until the results are published.**
Te esperaremos hasta las cinco.	**We'll wait for you until five o'clock.**

Sin embargo, cuando queremos decir **'hasta'** referido a **un punto físico** (por ejemplo una cumbre) o a un **periodo de tiempo** se suele decir *"up to"*.

A veces tengo que esperar hasta treinta minutos.	**Sometimes I have to wait for up to thirty minutes.**
Llegó hasta la cumbre sin oxígeno.	**He climbed up to the summit without oxygen.**
Tuvimos que reenviar el documento hasta veinte veces.	**We had to resend the document up to twenty times.**
Tienes seis meses para mejorar tu inglés.	**You have up to six months to improve your English.**
El agua me llegó a las rodillas.	**The water came up to my knees.**

To hope

'Esperar': un verbo en castellano y tres en inglés* (***"hope, wait & expect"***).

Lo importante es saber cuándo utilizar cada uno de ellos.

"To hope" significa **'esperar' en el sentido de esperanza**. Expresa lo que nos gustaría hacer o lo que querríamos que pasase. Cuando empleamos este verbo no sabemos con certeza lo que realmente ocurrirá (o ha ocurrido).

Espero que me toque la lotería.	I **hope** (that) I win the lottery.
Espero poder ir a la fiesta.	I **hope** (that) I can go to the party.
Espero tener bastante tiempo para hacer todo.	I **hope** (that) I have enough time to do everything.
Espero acordarme de su nombre (ella).	I **hope** (that) I remember her name.
Espero no tener que hablar español en la reunión.	I **hope** (that) I don't have to speak Spanish at the meeting.

* Ejemplo: I hope you don't expect me to wait for you - Espero que no esperes que te espere.

La palabra ***"that"*** se suele omitir. Por eso la he puesto entre paréntesis. También podemos esperar que otra persona haga algo. La estructura es la misma. Vemos unos ejemplos.

Espero que haga buen tiempo mañana.	I **hope** (that) the weather's nice tomorrow.
Espero que no hayas cometido un error.	I **hope** (that) you didn't make a mistake.
Espero que ella no se ofenda.	I **hope** (that) she won't be offended.
Espero que no haya problema.	I **hope** (that) there isn't a problem.
Espero que no hayas tenido problemas.	I **hope** (that) you didn't have any problems.

To wait

"To wait" significa 'esperar' en el sentido de una espera. Cuando especificamos la duración de la espera con un número se puede utilizar la preposición **"for"** pero es opcional. En cambio, cuando esperamos un autobús/ un tren o a alguien, es imprescindible usar **"for"**.

Esperé el autobús durante tres horas.	**I** waited **(for) three hours for the bus.**
Llevo dos horas y media esperando a mi amigo.	**I've been** waiting for **my friend for two and a half hours.**
Él esperó toda la tarde para conseguir una entrada.	**He** waited **all afternoon to get a ticket.**
Tendremos que esperar a ver lo que pasa.	**We'll have to** wait **and see what happens.**
¿Puedes esperar un minuto?	**Can you** wait **a minute?**

Cuando esperamos a que otra persona haga algo la estructura es la siguiente:
"wait" + "for" + "somebody" + "to do something".

Llevo toda la mañana esperando a que él me llame.	**I've been** waiting for him to call **me all morning.**
¿Esperaste a que teminara el programa?	**Did you** wait for the programme to end**?**
¡Él no ve la hora de que su jefe se jubile!	**He can't** wait for his boss to retire**!**
¿Me esperas, que voy a hacer unas llamadas?	**Will you** wait for me to make **a few calls?**
Ella esperó tres años a que él volviese a casa.	**She** waited three years for him to come **home.**

To expect (I)

Utilizamos el verbo **"expect"** cuando estamos **esperando algo que sabemos que ocurrirá con certeza**, ya que lo hemos concretado anteriormente.

Estoy esperando una llamada a las seis.	**I'm expecting a phone call at six.**
Te espero a las siete para cenar.	**I'll expect you at seven o'clock for dinner.**
No te esperaba.	**I wasn't expecting you.**
Él no esperaba eso.	**He wasn't expecting that.**
Ella está esperando mellizas.	**She's expecting twins.**

"Expect" se usa también para expresar **lo que suponemos**. La palabra **"that"** es opcional y se suele omitir.

Supongo que estás cansado.	**I expect (that) you're tired.**
Supongo que no quieres que diga nada.	**I expect (that) you don't want me to say anything.**
Supongo que ella traerá a su novio.	**I expect (that) she'll bring her boyfriend.**
Supongo que se cancelará.	**I expect (that) it will be cancelled.**
Supongo que no lloverá.	**I don't expect (that) it will rain.**

To expect (II)

Otro uso del verbo **"expect"** se da cuando lo utilizamos para expresar **lo que damos por hecho** o **"take for granted"**, como decimos en inglés. En este caso, cuando no cambia el sujeto, le sigue el infinitivo del verbo.

Espero una subida salarial todos los años.	I expect to get a pay rise every year.
Espero verte aquí a las cinco.	I expect to see you here at five o'clock.
Espero terminar el proyecto en marzo como muy tarde.	I expect to finish the project by March.
Él espera ser ascendido dentro de un mes.	He expects to be promoted within a month.
Espero no encontrar problemas.	I don't expect to encounter any problems.

Cuando queremos hablar de **lo que exigimos a los demás, colocamos el pronombre objeto u objeto entre el verbo "expect" y el infinitivo**.

Espero que ella sea puntual todos los días.	I expect her to be on time every day.
Ella espera que yo sea eficiente.	She expects me to be efficient.
Espero que termines esto el viernes como muy tarde.	I expect you to finish this by Friday.
¡No esperes que haga eso!	Don't expect me to do that!
No esperes que friegue y limpie la casa.	Don't expect me to wash up and cleanthe house.

To get

"To manage" y *"to get"*: dos verbos que significan **'conseguir'** en inglés.

La elección de uno u otro depende de si estamos hablando de conseguir algo o de conseguir hacer algo.

Cuando conseguimos un objeto el verbo que usamos es *"to get"*.

Él consiguió las últimas dos entradas que quedaban.	**He got the last two tickets left.**
¡Consigue los últimos éxitos en este fantástico disco recopilatorio!	**Get the latest hits on this great compilation album!**
Ella consiguió lo que quería.	**She got what she wanted.**
Al final consiguieron un descuento bárbaro.	**They got a massive discount in the end.**
Consiguieron lo que se merecían.	**They got what they deserved.**

Probemos ahora con el interrogativo, centrándonos sobre todo en la expresión **'conseguir lo que...'**: *"to get what..."*

¿Conseguiste lo que estabas buscando?	**Did you get what you were looking for?**
¿Ella consiguió lo que pedía?	**Did she get what she asked for?**
¿Consiguieron lo que querían?	**Did they get what they wanted?**
¿Consiguieron los libros que buscaban?	**Did they get the books they were after?**
¿Conseguiste el disco que estabas buscando?	**Did you get the record you were searching for?**

To manage

Por otro lado **'conseguir hacer algo'** es ***"to manage to do something"***. ¡Ojo con la pronunciación! No se dice /manall/ sino **/manich/** y para el pasado del verbo (***"managed"***), **/manich t(a)/** (la *"a"* final apenas se oye).

Ella consigue ver a sus padres una vez cada quincena.	**She manages to see her parents once a fortnight.**
Logré terminar el informe a tiempo para la reunión.	**I managed to finish the report in time for the meeting.**
Conseguimos hablar con la persona responsable del proyecto.	**We managed to talk to the person in charge of the project.**
Consiguieron impedir que se construyera la autopista.	**They managed to stop the motorway from being built.**
Después de buscar durante tres horas, conseguí encontrar las llaves de mi coche.	**After searching for three hours, I managed to find my car keys.**

Cuando utilizamos esta expresión en el interrogativo muchas veces es simplemente una forma de preguntar con un poco más de insistencia si una cosa se hizo o no.

¿Te las arreglaste para hablar con los abogados?	**Did you manage to speak to the lawyers?**
¿Encontraron por fin un piso en esa zona?	**Did they manage to find a new flat in that area?**
¿Terminaste la contabilidad la semana pasada?	**Did you manage to finish the accounts last week?**
¿Conseguiste reparar tu reloj al final?	**Did you manage to repair your watch in the end?**
¿Resolviste el problema al final?	**Did you manage to solve the problem in the end?**

Start

Mucha gente me pregunta de qué va acompañado el verbo **"start"**, ¿del gerundio o del infinitivo? La buena noticia es que ambas posibilidades son igualmente válidas. Empezaremos viendo unos ejemplos con el gerundio.

Acabo de empezar a asistir a clases de yoga.	**I've just started going to yoga classes.**
Empezad a escribir cuando os lo diga.	**Start writing when I say so.**
¿Podéis empezar a quitar la mesa?	**Can you start clearing the table?**
No empecé a aprender inglés hasta que tenía 20 años.	**I didn't start learning English until I was 20.**
El alcalde ha empezado a combatir el fraude fiscal.	**The mayor has started fighting tax fraud.**

Los británicos tienden a utilizar el gerundio más que el infinitivo mientras que los norteamericanos no tienen preferencia.

Cuando llegamos al parque, empezó a llover.	**When we got to the park, it started to rain.**
Ella empezó a llorar cuando le conté la noticia.	**She started to cry when I told her the news.**
Empezamos a tener miedo cuando vimos las medusas.	**We started to feel afraid when we saw the jelly fish.**
¿Puedes empezar a prestar un poco más de atencion, por favor?	**Can you start to pay a bit more attention, please?**
Él sólo empezará a relajarse después de un par de días de vacaciones.	**He'll only start to relax after a couple of days on holiday.**

Stop

Sin embargo, el significado del verbo **"stop"** cambia según vaya acompañado del infinitivo o del gerundio.

"Stop" + el gerundio significa **'dejar de hacer algo'**.

Ella dejó de salir con Tom el mes pasado.	**She stopped going out with Tom last month.**
La fábrica dejó de producir detergente hace mucho tiempo.	**The factory stopped making detergent a long time ago.**
Estoy pensando en dejar de ir al gimnasio.	**I'm thinking about stopping going to the gym.**
Él dejó de fumar tras su infarto.	**He stopped smoking after his heart attack.**
¿Podéis dejar de hacer tanto ruido?	**Can you stop making all that noise?**

En cambio, **"stop" + el infinitivo** significa **'pararse para hacer algo.'**

La estructura es la misma para el verbo en su forma intransitiva (pararse) como en su forma transitiva (parar algo o a alguien).

Él paró cinco minutos para fumar un cigarro.	**He stopped for five minutes to smoke a cigarette.**
Ella se paró para estornudar.	**She stopped to sneeze.**
Pararé en Borgoña para comprar vino.	**I'll be stopping in Burgundy to buy some wine.**
Los Guardias Civiles nos pararon para hacerle a mi marido el test de alcoholemia.	**The Police stopped us to breathalyse my husband.**
¿Paraste para ver a tus padres?	**Did you stop to see your parents?**

Due to

Para decir **'debido a' + sustantivo**, empleamos la expresión **"due to"**.
Ten cuidado con la pronunciación. Se dice **/diu/** y no /due/.
Piensa en la palabra **"you"** precedida por una **"d"**.

Debido al tráfico, llegué tarde.	**Due to** the traffic, I arrived late.
Debido a la manifestación, la calle se cortó.	**Due to** the demonstration, the street was cut.
Debido a su actitud, perdimos.	**Due to** his attitude, we lost.
Debido a las altas temperaturas, mucha gente se desmayó.	**Due to** the high temperatures, many people fainted.
Debido a la fuerte carga de trabajo, tuvimos que quedarnos hasta más tarde.	**Due to** the heavy workload, we had to stay later.

Cuando en castellano se dice **'debido a que' + verbo**, en inglés decimos **"due to the fact that"**. Cuando se habla deprisa la **"t"** final de la palabra **"fact"** apenas se oye. Se trata de una expresión bastante formal que se sustituye a menudo por la palabra **"as"**.

Como tengo una reunión, me perderé el partido.	**Due to the fact that** I have a meeting, I will miss the match.
El avión no pudo despegar, debido a que hubo una tormenta.	**Due to the fact that** there was a storm, the plane couldn't take off.
Como odio volar, siempre viajo en tren.	**Due to the fact that** I hate flying, I always travel by train.
Como huele a pescado en esa zona, prefiero pasear a mi perro en otra parte.	**Due to the fact that** it smells of fish in that part, I prefer to walk my dog elsewhere.
Como ese establecimiento es caro, iremos al de enfrente.	**Due to the fact that** that* establishment is expensive, we'll go to the one opposite.

* **"that that"** es correcto.

Apart from

Observamos la misma diferencia con la expresión equivalente a **'aparte'**, **"excepto"** o **'aparte de que'**. Cuando le sigue un sustantivo, simplemente decimos **"apart from"**.

Aparte del trabajo, todo va bien.	**Apart from work, everything is fine.**
Excepto la cocina, el piso es precioso.	**Apart from the kitchen, the flat is lovely.**
Aparte de las moscas, comimos bien.	**Apart from the flies, we had a good lunch.**
Aparte de la lluvia, nos lo pasamos muy bien.	**Apart from the rain, we had a great time.**
Aparte de los nervios, la boda me hace mucha ilusión.	**Apart from the nerves, I'm really looking forward to the wedding.**

En cambio, cuando le sigue un verbo se dice **"apart from the fact that"**.

Aparte de que tengo mucho estrés en el trabajo, todo va bien.	**Apart from the fact that I'm under a lot of stress at work, everything is fine.**
Aparte de que la cocina es muy pequeña, el piso es precioso.	**Apart from the fact that the kitchen is very small, the flat is lovely.**
Aparte de que soy alérgico al marisco, como de todo.	**Apart from the fact that I'm allergic to seafood, I eat everything.**
Aparte de que la pantalla me resulta un poco pequeña, me gusta mi portátil.	**Apart from the fact that I find the screen a bit small, I like my laptop.**
Aparte de que había muchos turistas, nos las arreglamos para ver muchas cosas.	**Apart from the fact that there were a lot of tourists, we managed to see many things.**

Due to

En inglés, salvo algunas excepciones que veremos después, **el presente simple** sirve para describir **estados** o **situaciones estables** o para **hechos** o **verdades no modificables**. Propongo unos ejemplos:

Vivo en España. *(Es una situación estable).*	**I live in Spain.**
Él tiene un coche sueco. *(Es un hecho).*	**He has a Swedish car.**
Ella habla cuatro idiomas. *(Es un hecho).*	**She speaks four languages.**
Ganan mucho dinero. *(Es una realidad).*	**They earn a lot of money.**
Hace calor en verano en Madrid. *(Es una verdad).*	**It's hot in Madrid in the summer.**

En todos los ejemplos de arriba se emplea el presente simple tanto en inglés como en castellano. Sin embargo con algunos verbos en castellano cuando estamos refiriéndonos a una acción momentánea se puede emplear el presente simple o continuo. En cambio en inglés, sólo se puede usar el presente continuo.

¿Qué haces?	**What are you doing?**
¿Con quién hablas?	**Who are you talking to?**
¿De qué hablas?	**What are you talking about?**
¿A quién escribes?	**Who are you writing to?**
¿Qué dices?	**What are you saying?**

The past continuous

Empleamos el **pasado continuo** para describir **algo que estaba sucediendo**
cuando otra cosa ocurrió. Se forma con el pasado simple del verbo
"to be" + el gerundio (**"was/were"** + verbo + **"-ing"**).

Estaba viendo la televisión cuando llamaste.	**I was watching television when you called.**
Ella estaba mirando su reloj cuando la bomba estalló.	**She was looking at her watch when the bomb went off.**
Estaban contándole un cuento de hadas cuando su madre llegó.	**They were telling him a fairy tale when his mother arrived.**
Estábamos escuchando el sermón cuando el cura se desmayó.	**We were listening to the sermon when the priest collapsed.**
John estaba intentando matar una mosca cuando se cayó del taburete.	**John was trying to swat a fly when he fell off the stool.**

Ahora practicaremos el interrogativo.
No olvides que **hay que invertir el sujeto y el verbo "to be"**.

¿Qué estabas haciendo cuando atacaron la embajada?	**What were you doing when the embassy was attacked?**
¿A dónde ibas cuando sufriste el accidente?	**Where were you going when you had the accident?**
¿Qué estabas diciendo antes de que te interrumpiera?	**What were you saying before I interrupted you?**
¿A qué velocidad iba ella cuando perdió el control del vehículo?	**What speed was she doing when she lost control of the vehicle?**
¿Estabas esquiando cuando te rompiste la pierna?	**Were you skiing when you broke your leg?**

To want (I)

Por muy tentador que sea emplear la palabra **"that"** seguida de un pronombre sujeto después del verbo **"to want"**, en inglés **NO SE HACE**. ¿Por qué? Porque no tenemos subjuntivo, así que tenemos que recurrir a la siguiente fórmula:
"want" + pronombre objeto / complemento + **"to"** + verbo básico.

Quiero que él me eche una mano.	I want him to give me a hand.
Ella quiere que yo preste más atención.	She wants me to pay more attention.
No queremos que sepan nada al respecto.	We don't want them to know about it.
No quieren que estropeemos la sorpresa.	They don't want us to spoil the surprise.
Él quiere que ella firme el contrato.	He wants her to sign the contract.

Facilísimo, ¿verdad?

Pero, aunque lo parezca, hay que practicarlo miles de veces con miles de combinaciones para eliminar de una vez por todas el hábito erróneo de decir **"I want that..."**. Ahora veamos el interrogativo.

¿Quieres que él guarde la compra?	Do you want him to put away the shopping?
¿Ella quiere que yo doble mi ropa?	Does she want me to fold my clothes?
¿Quieren que doblemos las sillas del jardín?	Do they want us to fold up the garden chairs?
¿Él quiere duplicar las ventas del mes pasado?	Does he want them to double last month's sales?
¿Quieres que yo haga copias por duplicado?	Do you want me to make duplicate copies?

To want (II)

No es sólo cuestión de machacar el verbo **"to want"** con pronombres objeto como acabamos de hacer. También usamos la misma estructura con nombres propios y con sustantivos en general. Es precisamente aquí donde fallan los españoles con más nivel de inglés.

Mi jefe quiere que la empresa crezca.	**My boss wants the company to grow.**
El alcalde quiere que la ciudad florezca.	**The mayor wants the city to flourish.**
El gato quiere que el pájaro entre en el jardín.	**The cat wants the bird to fly into the garden.**
La mayoría de los votantes no quieren que el gobierno suba los impuestos.	**Most voters don't want the government to put up taxes.**
¿Quieres que te derrumben la casa?	**Do you want your house to be knocked down?**

Hasta aquí nos hemos centrado en ejemplos en el presente pero, por supuesto, no varía la estructura con otros tiempos verbales. **Recuerda, la palabra "that" queda estrictamente prohibida.**

El general quería que el enemigo cayera en su trampa.	**The general wanted the enemy to fall into his trap.**
El director financiero no quería que los periodistas le hicieran preguntas difíciles.	**The C.F.O. didn't want the journalists to ask him any difficult questions.**
Mi vecino no quería que su mujer se enterara.	**My neighbour didn't want his wife to find out.**
El agente de policía no quería que hubiera ningún problema.	**The policeman didn't want there to be any trouble.**
¡Ella no querrá que venga su ex marido!	**She won't want her ex-husband to come!**

There is (I)

El equivalente a **'hay'** en inglés se complica ya que varía según hablamos en singular o plural. El singular es **_"there is"_**. Normalmente usamos la contracción **_"there's"_**.

Hay una gran nube negra en el horizonte.	**There's a big black cloud on the horizon.**
Hay un agujero en la suela de mi zapato.	**There's a hole in the sole of my shoe.**
Hay un arroyo al final de mi jardín.	**There's a stream at the end of my garden.**
Hay un supermercado al final de mi calle.	**There's a supermarket at the end of my street.**
Hay un volcán en actividad en aquella isla.	**There's an active volcano on that island.**

La **forma singular _"there is"_** se emplea también para **sustantivos incontables** como veremos ahora. De paso, practicaremos unas cuantas preposiciones.

Creo que hay azúcar en la estantería superior.	**I think there's some sugar on the top shelf.**
Hay algún dinero en el cajón inferior.	**There's some money in the bottom drawer.**
Hay vino debajo de las escaleras.	**There's some wine under the stairs.**
Hay mucho humo sobre la ciudad.	**There's a lot of smoke over the city.**
Hay arroz en la parte trasera de aquel armario.	**There's some rice at the back of that cupboard.**

There is (II)

Hay dos maneras de formar la contracción de **"there is not"**: **"there's not"** o **"there isn't"**. Ambas son muy corrientes, así que merece la pena practicar las dos.

¡No hay nada para leer en esta casa!	**There isn't anything to read in this house!**
¡No hay ni una sola persona en este pueblo!	**There's not a single person in this village!**
No hay agua en el grifo.	**There isn't any water in the tap.**
No hay dinero en mi cuenta.	**There's not any money in my account.**
No hay arena en esta playa.	**There isn't any sand on this beach.**

Ahora toca el interrogativo.

No olvides que podemos considerar la palabra **"there"** como otro pronombre sujeto, con lo cual para hacer la pregunta simplemente invertimos **"there"** con **"is"**.

¿Hay una farmacia cerca de aquí?	**Is there a chemist's near here?**
¿Hay una forma fácil de solucionar este problema?	**Is there an easy way to solve this problem?**
¿Hay mayonesa en tu nevera?	**Is there any mayonnaise in your fridge?**
¿Se saltan los plomos a menudo cuando hay una tormenta?	**Is there often a power cut when there's a storm?**
¿Hay hielo en las carreteras?	**Is there any ice on the roads?**

There are

Cuando hablamos en plural, **"there is"** se convierte en **"there are"**. Mientras que en afirmativo no hay posible contracción, en negativo, sólo existe una que es **"there aren't"**.

Hay cientos de moscas volando por el aire.	**There are hundreds of flies flying about.**
Hay miles de personas esperando tu respuesta.	**There are thousands of people waiting for your answer.**
¡Hay millones de personas leyendo esta página ahora mismo!	**There are millions of people reading this page right now!**
No hay pasos de cebra en mi calle.	**There aren't any zebra crossings on my street.**
No hay soluciones indoloras para aprender inglés.	**There aren't any painless solutions to learn English.**

Ahora, por supuesto, dirigiremos nuestra atención al interrogativo. Una vez más, se trata de invertir **"there"** con el verbo, en este caso **"are"**.

¿Cuántas personas zurdas hay en tu barrio?	**How many left-handed people are there in your neighbourhood?**
¿Cuántos mosquitos muertos hay en tu parabrisas?	**How many dead mosquitos are there on your windscreen?**
¿Cuántos submarinos nucleares hay en la Armada Norteamericana?	**How many nuclear submarines are there in the American Navy?**
¿Hay traumatólogos en aquel hospital?	**Are there any bone-specialists in that hospital?**
¿Hay muchas máquinas de fax en tu oficina?	**Are there many fax machines in your office?**

88

There was

Al igual que en el presente, en inglés siempre diferenciamos entre el singular y el plural con el verbo equivalente a **'haber'** en el pasado. Empezaremos viendo el afirmativo y el negativo en singular con sustantivos incontables: **"there was"**.

Había un moscardón gordo en la pantalla de su ordenador.	**There was a big fat fly on his computer screen.**
Había tres mil libras esterlinas sobre la mesa.	**There was* three thousand pounds on the table.**
No había nadie allí.	**There wasn't anybody there.**
No quedaba té en la tetera.	**There wasn't any tea left in the tea-pot.**
No había fertilizante en el cobertizo, pero había herbicida.	**There wasn't any fertilizer in the shed, but there was some weed-killer.**

*   (No olvides que el dinero es incontable, gramaticalmente hablando).

Ahora toca el plural. Hay que tener cuidado a la hora de pronunciar **"there"** ya que muchos españoles tienden a decir **"they"**, lo que puede llevar a confusión. **Se pronuncia /zer/** (sin 'rrr' española).

Había tres crías en el nido del águila.	**There were three chicks in the eagle's nest.**
No sé si había tanta gente.	**I don't know if there were that many people there.**
Creo que hubo unos contratiempos durante la fase inicial.	**I think there were some setbacks during the initial phase.**
Había cincuenta errores en el texto.	**There were fifty mistakes in the text.**
Había dos candidatos finalistas para el puesto.	**There were two candidates short-listed for the position.**

Was there...?

Ahora, por supuesto, veremos el interrogativo en el pasado. Como podemos considerar la palabra **"there"** como sujeto del verbo, simplemente la invertimos con **"was"** o **"were"** para formular la pregunta.

¿Había un inspector de billetes en el tren?	**Was there** a ticket inspector on the train?
¿Hubo algún problema con la reserva?	**Was there** a problem with the booking?
¿Qué había para comer en la fiesta?	**What was** there to eat at the party?
¿Había polvo en el cuadro?	**Was there** any dust on the painting?
¿Quedaba mermelada en el tarro?	**Was there** any jam left in the jar?

Pasemos al plural.
Una vez más quiero atraer tu atención sobre un aspecto de pronunciación.
"Were" carece de 'rrr' española. ¡No lo olvides!

¿Había mucha gente cuando llegaste?	**Were there** many people when you arrived?
¿Había muchos conductores por encima del límite en la última campaña contra el alcoholismo?	**Were there** a lot of drivers over the limit in the last drink-driving cut-down?
¿Cuántas amas de casa había en la reunión?	**How many housewives were there** at the meeting?
¿Había muchos tipos diferentes de tornillos entre los que elegir?	**Were there** lots of different types of screws to choose from?
¿Había bastantes sillas para todo el mundo?	**Were there** enough chairs for everyone?

Want / like there to be

No puedo hablar del verbo **"there"** + **"to be"** sin destacar su uso junto a los verbos **"to want"** y **"to like"**, ya que en inglés la estructura puede sonar muy extraña para un español. Con estos dos verbos, **"there"** funciona como pronombre objeto igual que **"him"** o **"me"** y le sigue el infinitivo con **"to"**.

Empecemos con **"want"**.

Quiero que haya paz en el mundo.	**I want there to be** peace in the world.
No quiero que haya problemas.	**I don't want there to be** any problems.
¿Realmente quieres que haya una imagen de una rana en la portada?	**Do you really want there to be** a picture of a frog on the front cover?
Él quiere que haya una seguridad más rigurosa para el acontecimiento.	**He wants there to be** tighter security for the event.
Quiero que haya más gente allí la próxima vez.	**I want there to be** more people there next time.

Veámoslo ahora con el verbo **"to like"**. Se utiliza mucho este verbo con **"there"** + **"to be"** en la forma interrogativa.

¿Te gustaría que hubiese una mejor cobertura para móviles en tu pueblo?	**Would you like there to be** better mobile coverage in your village?
¿Te gustaría que hubiese tres o cuatro canapés diferentes en la boda?	**Would you like there to be** three or four different appetizers at the wedding?
¿Te gustaría que hubiese menos contaminación?	**Would you like there to be** less pollution?
¿Te gustaría que hubiera más árboles donde vives?	**Would you like there to be** more trees where you live?
¿Te gustaría que hubiese un tren rápido que conecte tu barrio con la capital?	**Would you like there to be** a fast train linking your neighbourhood to the capital?

Happen to do...

Una estructura verbal preciosa que, de momento, sólo está de moda entre los anglohablantes nativos. ¡Cambiemos las cosas! Significa **'dar la casualidad de que...'** o **'por casualidad'**.

Dió la casualidad de que estaba en el aeropuerto cuando el Rey llegó.	**I happened to be at the airport when the King arrived.**
Por casualidad, él me dio una información muy útil.	**He happened to give me some very useful information.**
Da la casualidad de que tienen un Rolls Royce precioso que podrías alquilar.	**They happen to have a very nice Rolls Royce you could hire.**
Por casualidad sé que ella le va a dejar.	**I happen to know that she's going to leave him.**
Da la casualidad de que ella no está de acuerdo contigo.	**She happens to disagree with you.**

También es una forma muy educada y bastante común de preguntar o pedir algo.

¿No sabrá por casualidad qué hora es?	**You wouldn't happen to know what time it is, would you?**
¿No tendrá fuego por casualidad?	**You wouldn't happen to have a light, would you?**
¿No hablarás italiano, por casualidad?	**You wouldn't happen to speak Italian, would you?**
Perdón. ¿No sabrá dónde está la estación por casualidad?	**Excuse me; you wouldn't happen to know where the station is, would you?**
¿Por casualidad no tendrá cinco minutos?	**You wouldn't happen to have five minutes, would you?**

¿Qué pasa?

Cuando hacemos la pregunta de arriba en el sentido de **'¿Qué tal?'** existen varias posibilidades en inglés. Curiosamente ninguna corresponde con la traducción más literal y, por lo tanto, obvia **_"What's happening?"_** que significa **'¿Qué está pasando?'** o **'¿Qué vamos a hacer?'** cuando uno se une a un grupo de personas.

¿Qué pasa?	**What's up?**
¿Qué pasa?.	**How are you?**
¿Qué pasa?	**What's shaking?**
¿Qué pasa?	**What's new?**
¿Qué pasa?	**How's tricks?**
	(Gramáticalmente incorrecto pero cierto.)

Cuando ocurre algo a alguien decimos **_"something happens to someone"_**. Es muy importante recordar lo siguiente:

No solemos **emplear el verbo modal _"do"_ y _"did"_ con el verbo _"happen"_**. ¿Por qué? Porque no sabemos el sujeto del verbo: precisamente por eso hacemos la pregunta.

¿Qué está pasando?	**What's happening?**
¿Qué ocurrió?	**What happened?**
¿Qué le pasó a él?	**What happened to him?**
¿Qué les pasará a ellos?	**What will happen to them?**
¿Qué le está pasando al país?	**What's happening to the country?**

Had better...(I)

Aquí vemos nuestra forma de expresar **'más vale que...'** Como se trata de un aviso muy fuerte rozando el cabreo, lo reflejamos en el tono de voz en que lo decimos. La estructura siempre es la misma:
sujeto + *"had"* + *"better"* + verbo básico.

¡Más vale que dejes de ver a esa chica!	**You had better stop seeing that girl!**
¡Más vale que mires dónde vas la próxima vez!	**You had better look where you're going next time!**
¡Más vale que tenga una buena excusa!	**She had better have a good excuse!**
¡Más vale que me avisen si cambian de opinión!	**They had better let me know if they change their mind!**
¡Más vale que ella me diga dónde está el tesoro!	**She had better tell me where the treasure is!**

También se puede usar en negativo donde tampoco varía la estructura que es la siguiente: **sujeto + *"had"* + *"better"* + *"not"* + verbo básico**.

¡Más vale que no vuelvas a decir eso!	**You had better not say that again!**
¡Más vale que no llegue tarde!	**She had better not be late!**
¡Más vale que no nos defrauden!	**They had better not let us down!**
¡Más vale que no perdamos el contrato por su culpa!	**We had better not lose the contract because of him!**
¡Más vale que no pierdas los estribos!	**You had better not lose your temper!**

Had better...(II)

La misma expresión se emplea cuando queremos anunciar nuestra inminente marcha. ¡Obviamente en este contexto el tono de voz es mucho más suave ya que se trata de una fórmula muy educada!

Bueno, debería irme.	**Well, I had better be off.**
Bueno, debería marcharme.	**Well, I had better be going.**
Deberíamos irnos.	**We had better be leaving.**
Debería irme.	**I had better be making a move.**
Deberíamos levantar el vuelo.	**We had better be heading off.**

En realidad, con ambos usos de la expresión, a la hora de hablar, casi siempre empleamos **la contracción**.

Es decir que **"I had"** se convierte en **"I'd"**. A continuación, propongo unos ejemplos. Luego recomiendo repasar las dos páginas usando la contracción.

Debería irme.	**I'd better be moving.**
¡Más vale que se acuerde de lo que tiene que decir!	**She'd better remember what she has to say.**
¡Más vale que se pongan el cinturón de seguridad!	**They'd better fasten their seatbelts.**
Debería largarme.	**I'd better hit the road.**
¡Más vale que no vuelvas a hacer eso!	**You'd better not do that again.**

Ordinales

Para un inglés, los números ordinales en castellano suponen un infierno. Lo tienes más fácil para aprenderlos en inglés. Los problemáticos son los tres primeros: first, second y third, y el quinto (éste por la pronunciación). Para todos los demás hasta el vigésimo, **simplemente añadimos un "th" al número**. Veamos los fáciles:

Enrique octavo se divorció de su **cuarta** mujer, ejecutó a la **quinta** y le sobrevivió la **sexta**.	**Henry the Eighth divorced his fourth wife, executed the fifth and was survived by the sixth.**
Luis **XV** era el bisnieto de Luis **XIV** y el abuelo de Luis **XVI**.	**Louis the fifteenth was Louis the fourteenth's great grandson and Louis the sixteenth's grandfather.**
El atleta español terminó en **sexta** posición, el británico terminó **séptimo** y el turco **octavo**.	**The Spanish athlete came sixth, the British one seventh and the Turkish one eighth.**
Estaré disponible los días **13**, **14** y **15** de abril.	**I will be available on the thirteenth, fourteenth and fifteenth of April.**
La Ilustración tuvo lugar en el siglo **XVIII**, mientras que la Revolución Industrial se produjo en el siglo **XIX**.	**The Enlightenment took place during the eighteenth century whereas the Industrial Revolution came about in the nineteenth century.**

Para todos los '...primeros', '...segundos' y '...terceros' siempre usamos "...first", "...second" y "...third". Por otro lado el 'undécimo', 'duodécimo' y 'trigésimo' se dicen "eleventh", "twelfth" y thirteenth".

Nací el día **21** de enero, mientras que mi hermano nació el día **31**.	**I was born on the twenty-first of January whereas my brother was born on the thirty-first.**
Mi tía vive en la calle **42** y mi primo en la calle **53**.	**My aunt lives on forty-second street and my cousin on fifty-third street.**
Mi tío abuelo está a punto de celebrar su **nonagésimo tercer** cumpleaños.	**My great uncle is about to celebrate his ninety-third birthday.**
Mi madre celebró una gran fiesta para su **sexagésimo primero**, su **sexagésimo segundo** y su **sexagésimo tercer** cumpleaños.	**My mother held a big party for her sixty-first, her sixty-second and sixty-third birthdays.**
Los conciertos números **11**, **12** y **13** de Mozart se escribieron antes de que alcanzara su madurez artística.	**Mozart's eleventh, twelfth and thirteenth piano concertos were written before he reached his artistic maturity.**

A month of ordinals

Ahora practicaremos fechas en las que se suelen utilizar números ordinales en inglés. Al mismo tiempo repasaremos el uso de dos preposiciones: **"before"** (**'antes de'**) y **"after"** (**'después de'**). Como ambas son preposiciones en sí no es necesario añadir otra preposición después.

El martes 2 cae después del lunes 1 pero antes del miércoles 3.

Tuesday the second is after Monday the first but before Wednesday the third.

El viernes 5 cae después del jueves 4 pero antes del sábado 6.

Friday the fifth is after Thursday the fourth but before Saturday the sixth.

El lunes 8 cae después del domingo 7 pero antes del martes 9.

Monday the eighth is after Sunday the seventh but before Tuesday the ninth.

El jueves 11 cae después del miércoles 10 pero antes del viernes 12.

Thursday the eleventh is after Wednesday the tenth but before Friday the twelfth.

El domingo 14 cae después del sábado 13 pero antes del lunes 15.

Sunday the fourteenth is after Saturday the thirteenth but before Monday the fifteenth.

No te des por satisfecho después de haber traducido del castellano al inglés una vez. Se trata de adquirir agilidad y llegar a poder repasar el mes entero igual de rápido en inglés que como lo haces en castellano. Sigamos:

El miércoles 17 cae después del martes 16 pero antes del jueves 18.

Wednesday the seventeenth is after Tuesday the sixteenth but before Thursday the eighteenth.

El sábado 20 cae después del viernes 19 pero antes del domingo 21.

Saturday the twentieth is after Friday the nineteenth but before Sunday the twenty-first.

El martes 23 cae después del lunes 22 pero antes del miércoles 24.

Tuesday the twenty-third is after Monday the twenty-second but before Wednesday the twenty-fourth.

El viernes 26 cae después del jueves 25 pero antes del sábado 27.

Friday the twenty-sixth is after Thursday the twenty-fifth but before Saturday the twenty-seventh.

El lunes 29 cae después del domingo 28 pero antes del martes 30.

Monday the twenty-ninth is after Sunday the twenty-eighth but before Tuesday the thirtieth.

A ten-point exercise

Cuando queremos indicar de cuántas partes está compuesto algo, el número antecede a la parte (el componente) que, a su vez, antecede al todo (el sustantivo principal). Como el componente (por ejemplo **"point"** en el título) se está comportando como adjetivo NO LO PLURALIZAMOS.

Viajé en un tren de seis vagones.	**I travelled in a six-carriage train.**
Ella recibió de él una carta de ocho páginas.	**She received an eight-page letter from him.**
Mañana tengo que hacer un examen de tres horas.	**I have to sit a three-hour exam tomorrow.**
Estoy reventado después de un vuelo de siete horas.	**I'm knackered after a seven-hour flight.**
La lucha por el poder en Europa terminó en un conflicto mundial de seis años.	**The struggle for power in Europe ended in a six-year World conflict.**

No cedas a la tentación. Por muy elevado que sea el número, el primer sustantivo no lleva **"s"**.
El segundo, siendo el sustantivo principal, sí puede ir en plural.

El rugby se juega entre dos equipos de quince jugadores.	**Rugby is played between two fifteen-player teams.**
La semana que viene tenemos que ir a Lyon para una conferencia de tres días.	**Next week we have to go to Lyon for a three-day conference.**
El niño se asustó tanto de los gansos que saltó una valla de dos metros.	**The boy was so scared of the geese that he jumped over a two-metre fence.**
El magnate acaba de comprarse un yate de veinte metros.	**The magnate has just bought a twenty-metre yacht.**
Más vale que nos acostemos. Mañana tenemos que hacer un viaje de nueve horas en coche.	**We had better go to bed. We have to make a nine-hour car journey tomorrow.**

Short answers
Afirmativo

Cuando hacemos una pregunta en inglés siempre empezamos con un verbo auxiliar. Para todos los verbos **'normales'** utilizamos *"do/does/did"*. En cambio, cuando ya hay un verbo auxiliar en juego (*"can/should/will"*, etc.), éste mismo se usa para formular la pregunta. La forma más concisa de contestar en afirmativo a preguntas básicas (donde buscamos un **'sí'** o un **'no'**) es decir *"yes"* seguido del sujeto y luego del verbo auxiliar.

¿Te gustan los calabacines?	**Do you like courgettes?**	Yes, I do.
¿Se las apaña con ese sueldo?	**Does he manage to get by on that salary?**	Yes, he does.
¿Van andando al trabajo todos los días?	**Do they walk to work every day?**	Yes, they do.
¿Gastaron todo su dinero en caramelos?	**Did they spend all their pocket money on sweets?**	Yes, they did.
¿Viste el almendro en flor?	**Did you see the almond blossom?**	Yes, I did.

Hay que estar muy atento cuando alguien nos hace una pregunta. Como la mayoría de los verbos requieren *"do"* para formular el interrogativo, a veces los españoles contestan erróneamente a cualquier pregunta usando este verbo. Veamos ahora unos verbos auxiliares.

¿Puedes ir a la fiesta?	**Can you make it to the party?**	Yes, I can.
¿Debería avisarla de antemano?	**Should I let her know beforehand?**	Yes, you should.
¿Se casarán algún día?	**Will they ever tie the knot?**	Yes, they will.
¿Has podido encontrar uno de tu talla?	**Could you find one in your size?**	Yes, I could.
¿Me podrías prestar un billete de 10?	**Could you lend me a tenner?**	Yes, I could.

Short answers
Negativo

Ahora pasamos al negativo. Una vez más, la clave para contestar correctamente está en el verbo auxiliar utilizado en la pregunta. Si oyes **"do"** en la pregunta, contesta **"...don't"**. Si oyes **"does"**, emplea **"doesn't"**. Muy fácil.

¿Haces flexiones todos los días?	Do you do press-ups every day?	No, I don't.
¿Siempre se corta afeitándose?	Does he always cut himself shaving?	No, he doesn't.
¿El tren se atascó en un banco de nieve?	Did the train get stuck in a snow-drift?	No, it didn't.
¿Aran los campos en el mes de mayo?	Do they plough the fields in the month of May?	No, they don't.
¿Dió a luz en el taxi camino del hospital?	Did she give birth in the taxi on the way to the hospital?	No, she didn't.

No estamos hablando de un aspecto del inglés complicado pero sí importante. Por ser tan simple, muchas personas que tienen un alto nivel de inglés se equivocan de verbo auxiliar. Merece la pena practicarlo.

¿Llegarán a la cumbre sin oxígeno?	Will they make it to the summit without oxygen?	No, they won't.
¿Podemos confiarle unas responsabilidades tan exigentes?	Can she be trusted with such demanding responsibilities?	No, she can't.
¿Deberíamos excluirle por hacer trampa?	Should he be ruled out for cheating?	No, he shouldn't.
¿Podrías barajar las cartas con los ojos cerrados?	Could you shuffle the cards with your eyes closed?	No, I couldn't.
¿Venderá la cantera cuando se jubile?	Will he sell the quarry when he retires?	No, he won't.

Short answers
To be

Vamos a dedicar una página al verbo **"to be"**. Si hacemos una pregunta básica con el verbo **"to be"**, la forma más rápida de contestar también requiere el verbo **"to be"**. Presta atención a la primera palabra de la pregunta para reutilizarla en la respuesta. Pero, ¡ojo cuando tienes que contestar en primera persona!

¿La mayoría de los alumnos universitarios están endeudados?	**Are most university students overdrawn?**	**Yes, they are.**
¿Andorra está lejos de Albacete?	**Is Andorra far from Albacete?**	**Yes, it is.**
¿Eres medio inglés, medio italiano?	**Are you half-English, half-Italian?**	**No, I'm not.**
¿Estaba más lejos de lo que pensabas?	**Was it further than you thought?**	**Yes, it was.**
¿Había muchos mendigos en el mítin?	**Were there many tramps at the convention?**	**No, there weren't.**

Recuerda que el verbo **"to be"** también se emplea en los tiempos verbales continuos y para formar la voz pasiva. Para contestar de la manera más corta en estos casos sólo tienes que fijarte en el verbo **"to be"**.

¿Él está arreglando su salón?	**Is he doing up his lounge?**	**Yes, he is.**
¿El tesoro fue descubierto por los arqueólogos?	**Was the treasure found by the archaeologists?**	**Yes, it was.**
¿Se canceló el partido debido al tiempo?	**Was the match called off on account of the weather?**	**No, it wasn't.**
¿Vas a hacer las paces con él?	**Are you going to make it up with him?**	**Yes, I am.**
¿Estaban comiendo el plato principal cuando irrumpió la policía?	**Were they eating their main course when the Police burst in?**	**Yes, they were.**

Verbos + infinitivo sin "to":
"Did you hear her come in?"

Como decíamos en el punto anterior, el verbo **"to hear"** también puede ir seguido de infinitivo y de gerundio. Igual que en castellano, a veces queda más natural decir: **"Did you hear her come in?"** (¿La oíste entrar?), y otras veces: **"I could hear the little birds singing"** (Podía oír a los pajarillos cantando).

Lo siento, no te oí llamarme	**Sorry, I didn't hear you call my name.**
Si oyes las campanas doblar, sabrás que ha fallecido alguien	**If you hear the bells toll, you'll know someone's passed away.**
Me encantaría oírte decirlo en voz alta	**I'd love to hear you say it out loud.**
¿No te gustaría oírme cantar el himno nacional?	**Wouldn't you like to hear me sing the national anthem?**
No puedo aguantar oír a ese niño sollozar por más tiempo.	**I can't stand to hear that kid sob any longer.**

La construcción con **"to listen"** sería similar: **"I like to listen to them sing / singing"**, donde el **"to"** después de **"listen"** sería la preposición **'a'**, nada que ver con el infinitivo.

Verbos + infinitivo sin "to":
"Just watching the rain fall"

Sigamos practicando esta estructura, ahora con el verbo **"to watch"**. Muy parecido a **"to see"**, pero con el sentido más bien de **'mirar'** u **'observar'**, aunque en castellano se tiende a usar el verbo **'ver'** todo el rato.

¡Qué divertido es verte jugar al ajedrez!	**It's so much fun to watch you play chess!**
¿Alguna vez has visto a la pintura secarse?	**Have you ever watched paint dry?**
¿Podrías echarme una mano en vez de mirarme trabajar?	**Could you give me a hand instead of watching me work?**
Si me dejas verte hacerlo ahora, podré hacerlo solo después.	**If you let me watch you do it now, I'll be able do it on my own later.**
¿Vas a quedarte ahí a verme comer todas las ostras?	**Are you going to stand there and watch me eat all the oysters?**

Podemos decir: **"I'll watch/see that film tomorrow"**, y **"I watched/saw that film yesterday"**. Pero sólo valdría: **"I'm watching it now"**.

Verbos + infinitivo sin "to":
"Let me go!"

Nunca machacaremos la gramática de este mes lo suficiente, porque llegados al verbo **"to let"** siempre se falla Jamás decimos el infinitivo con **"to"** después de **"to let"**. El problema es que se confunde con **"to allow"**, que sí que va seguido de **"to"**.

¿Me dejarás quedarme (por aquí si estoy callado?	**Will you let me stick around if I'm quiet?**
No dejes que nadie nunca te diga lo contrario.	**Don't ever let anyone tell you the opposite.**
¡Que haya luz!	**Let there be light!**
Déjalo estar, déjalo estaaar...	**Let it be, let it beeee ...**
¡Que coman tarta!	**Let them eat cake!**

ℹ En construcciones con **"there + to be"**, también hay que eliminar el **"to"** si se requiere **"bare infinitive"**, o **'infinitivo desnudo'**, como lo bautizamos antes.

Verbos + infinitivo sin "to":
"Can you help me finish?"

Seguramente por razones de estética y comodidad, normalmente se omite el **"to"** del infinitivo después del verbo **"to help"**. Es opcional, y sólo cambia la forma, no el significado de la frase.

Él necesita algo que le ayude a seguir con su vida.	**He needs something to help him get on with his life.**
¿Ayuda a los niños a crecer más rápido el tener una mascota?	**Does having a pet help kids grow up faster?**
Ojalá (yo) pudiera ayudarte a ver cómo es ella en realidad.	**I wish I could help you see her true colours.**
¿Me ayudarás a reformar mi casa?	**Will you help me do my place up?**
Debe de haberles ayudado alguien a solucionarlo.	**Someone must've helped them sort it out.**

💬 ¿Conocías la expresión con **"true colours"**?¡A ver si conoces las demás que aparecen en la sección!

Verbos + infinitivo sin "to":
"Other verbs and expressions"

Hay otros verbos y expresiones que van seguidos de infinitivo sin **"to"**. Aquí verás una muestra de algunos de los más destacados. Para que se te queden bien grabados, ayudaría que te inventaras mínimo 20 ejemplos con cada uno...

(Yo) preferiría gastar mi dinero en otra cosa.	**I'd rather spend my money on something else.**
Más vale que no te equivoques sobre ella.	**You'd better not be wrong about her.**
¿Puedes sentir su (de ello) corazón latir?	**Can you feel its heart beat?**
¡Ella podría ser la definitiva!	**She could be the one!**
Tendremos que apañárnoslas con lo que tenemos.	**We'll have to make do with what we've got.**

"Rather" irá seguido de un tiempo en pasado si el sujeto en la frase siguiente cambia: *"I'd rather you didn't wake me up if I fall asleep on the couch"*.

Verbos + infinitivo sin "to":
"Modal verbs"

Y acabamos con un mini repaso de los verbos modales que, llueva, nieve o granice, jamás pueden ir acompañados de **"to"** ni antes, ni después. Que luego salen cosas raras como **"must to"** o **"to can"**, y a tu profesor le da un infarto.

Debo arreglar mi habitación antes de irme de vacaciones.	**I must tidy up my room before going on holiday.**
Aunque puede que sea una sorpresa para algunos, todos deberíais saberlo.	**Although it might come as a surprise for some, you all should know.**
Puede que haya alguien en la puerta.	**There may be somebody at the door.**
¿Debería todo el mundo beber dos litros de agua al día?	**Should everyone have two liters of water per day?**
Eso sólo puede pasar si la gente no tiene cuidado.	**That can only happen if people aren't careful.**

Si consideramos *"have to"* un verbo modal, sería la excepción que rompe la regla: *"You have to hide so that no one can see you!"*.

Verbs + gerundio: To mind

"To mind" es uno de los cuatro verbos que veremos este mes que van seguidos de gerundio (terminación -ing). Como no hay reglas que determinen cuáles van seguidos de gerundio y cuáles de infinitivo, toca aprendérselos de memoria y practicar con miles de ejemplos.

No me importaría ganar más dinero.	**I wouldn 't mind earning more money.**
¿Te importaría pasar la salsa, por favor?	**Would you mind passing the gravy, please?**
¿No le importa a tu jefa que llegues tarde?	**Doesn't your boss mind you being late?**
Si a ella no le importa que saltemos en el sofá...	**If she doesn't mind us jumping on the couch...**
A nadie le importó que el gobierno se encargara de él.	**No one minded the government taking charge of him.**

🌀 Mira en los tres últimos casos cómo colocarnos un pronombre o similar entre **"mind"** y el verbo.

Verbs + gerundio: To finish

Siempre que le siga otro verbo, éste tiene que ir en gerundio. No es como **"to stop"**, que según el sentido de la frase, a veces puede ir seguido de infinitivo. Por alguna razón, con **"finish"** es con el verbo que más se falla, así que ¡practica!

No puedes retirarte hasta que acabes de comer:	**You're not dismissed until you finish eating.**
Que empiece (él) a hacer eso cuando acabe de hacer esto.	**Let him start doing that when he finishes doing this.**
Seguro que tendré hambre para cuando acabes de pelar las patatas.	**I'm sure I'll be hungry by the time you finish peeling the potatoes.**
Si no acabas de hacer la cama pronto, me quedo en el sofá.	**If you don't finish making the bed soon, I'll stay on the couch.**
¿A qué hora terminaron de entrenarse?	**What time did they finish training?**

ℹ️ Hay verbos, como **"to start"** y **"to try"**, que pueden ir seguidos tanto de gerundio como de infinitivo sin variar su significado.

Verbs + gerundio: To miss

Pasemos al verbo **"to miss"**. No olvides que, igual que le pasa al verbo **"to finish"**, y a los demás verbos cuyo último sonido es: **"s"**, **"sh"** o **"eh"**, añadimos la sílaba **"es"** en la tercera persona (he, she, it misses).

Echo de menos tener tiempo para aburrirme como solía.	**I miss having time to get bored like I used to.**
¿No echas de menos prepararte para salir un viernes?	**Don't you miss getting ready to go out on a Friday?**
Ella se mudó al sur porque echa de menos tomar el sol.	**She moved to the south because she misses sunbathing.**
Echamos de menos conducir cuando estábamos viviendo en la ciudad de NY.	**We missed driving when we were living in NY city.**
¡Desde luego que no echo de menos despertar al amanecer para ordeñar las vacas!	**I certainly don't miss waking up at the crack of dawn to milk the cows!**

🔵 Cuando **"to miss"** significa **'perderse hacer algo'**, también va seguido de gerundio. Lo que pasa es que se suele omitir el verbo. Por ejemplo en: **"You missed breakfast"** se entiende que te perdiste tomar el desayuno, y no hace falta decir **"You missed having breakfast"**.

Verbs + gerundio: To deny

No confundas **"to deny"**, que significa **'negar'** y va seguido de gerundio, y **"to refuse"**, que significa **'negarse'** y va seguido de infinitivo.

¿Cómo puedes negar haber dicho lo que dijiste delante de todo el mundo?	**How can you deny saying what you said in front of everyone?**
Él negó haberse dejado la puerta abierta al salir.	**He denied having left the door open on his way out.**
¿Negó (él) haberle prendido fuego al edificio?	**Did he deny setting the building on fire?**
Negarán haberlo robado, incluso si fue por una buena causa.	**They'll deny stealing it, even if it was for a good cause.**
Afortunadamente el testigo negó haber oído mi voz.	**Fortunately the witness denied hearing my voice.**

⚠️ Hay verbos como **"to regret"**, **"to forget"** y **"to remember"**, cuyo significado varía según vayan seguidos de infinitivo o de gerundio.

Verbs + infinitivo: To refuse

Como decíamos antes, este verbo va seguido de infinitivo, significa **'negarse'**, y no hay que confundirlo con **"to deny"**. Fíjate que éste es uno de los verbos que acaban en sonido **"s"**, por lo que al hablar en 3ª persona añadimos **"es"**.

No sé a quién acudir si la Reina se niega a verme.	**I don't know who to turn to if the Queen refuses to see** me.
No deberíamos negarnos a contratarle a causa de su pelo.	**We shouldn't refuse to hire** him on **account of his hair.**
Me niego a ser visto con el traje de baño de tu abuelo.	**I refuse to be seen in your grandpa's bathing suit.**
¿Cómo es que se niegan a probar mi sopa azul?	**How come they refuse to try my blue soup?**
Como (ella) se negó a participar, la obligaron a hacerlo.	**As she refused to take part, they made her do it.**

*ℹ Fíjate que al verbo **"to make"** le sigue el infinitivo sin **"to"**. También es el caso de: **"to let"**, **"to see"**, **"to hear"** y **"to feel"**.*

Verbs + infinitivo: To manage

Cuando **"to manage"** significa **'conseguir hacer algo'**, el verbo que sigue irá en infinitivo. Recuerda que para dominar esto del gerundio y el infinitivo lo que te ayudará es repetir en voz alta ejemplos y más ejemplos.

¿Cómo te las apañaste para cambiar la rueda sin un gato?	**How did you manage to change the tire without a jack?**
Si consigues ahorrar un poco, podrás llegar a fin de mes.	**If you manage to save a little, you'll be able to make ends meet.**
El equipo no logró marcar más goles.	**The team didn't manage to score any more goals.**
Hemos conseguido aumentar las ventas en un 16%.	**We've managed to increase sales by 16%.**
Conseguiste convencerme.	**You managed to convince me.**

*En inglés decimos **'cambiar un neumático'**, que se puede escribir **"tire"** o **"tyre"**, y en castellano **'cambiar una rueda'**.*

Verbs + infinitivo: To mean

Te presentamos a continuación otro verbo que tiene que ir seguido de infinitivo.
Aparte de **'querer decir'** o **'significar'**, el verbo **"to mean"** a veces se traduce por:
'tener la intención de'.

¡Lo siento! No pretendía hacer llorar al bebé.	**Sorry! I didn't mean to make the baby cry.**
Probablemente no tenías intención de empezar una guerra, ¿no?	**You probably didn't mean to start a war; did you?**
Nunca tuvieron intención de secuestrar a toda la familia.	**They never meant to kidnap the whole family.**
¿De verdad tenías intención de teñirte el pelo de este color?	**Did you really mean to dye your hair this colour?**
Créame oficial, no pretendía saltarme ese semáforo en rojo.	**Believe me officer; I didn't mean to run that red light.**

Muchas veces decimos cosas como: **"It wasn't meant to be"**, que en castellano sería algo como: **'no estaba escrito'**.

Verbs + infinitivo: To plan

Este verbo es mucho más común de lo que parece, aunque en castellano sea más natural traducirlo por **'pensar'** que por **'planear'**. Recuerda no confundir **"to plan"**, que va seguido de infinitivo, con **"to think about"**, que va seguido por gerundio.

¿A quién piensas invitar a cenar a tu casa?	**Who are you planning to have over for dinner?**
La verdad es que no tenía pensado dimitir.	**Actually, I wasn't planning to resign.**
¿Qué piensas decir si te cogen?	**What are you planning to say if you get caught?**
(Él) piensa presentarse a presidente después de este mandato.	**He's planning to run for president after this term of office.**
No me digas donde piensas llevarnos.	**Don't tell me where you're planning to take us.**

Si digo que **"I'm planning to do something"**, seguramente la decisión está ya tomada. Mientras que si digo que **"I'm thinking about doing something"**, todavía lo estoy considerando.

"That" como sujeto

Ya te sonarán los pronombres relativos, que se usan para no repetir la parte de la frase a la que se refieren. Aquí veremos los más comunes, empezando con **"that"** como sujeto. En los siguientes ejemplos no es opcional omitir el pronombre.

Esta es la compañía que ha despedido a 235 empleados.	**This is the company that has laid off 235 employees.**
Esa es la señora que dio luz a trillizos el mes pasado.	**That's the lady that gave birth to triplets last month.**
Estos son los zapatos que mejor te quedan.	**These are the shoes that suit you best.**
"Bananas" es la película que me hace reír cada vez que la veo.	**"Bananas" is the film that makes me laugh every time I watch it.**
Yo soy la que te delató.	**I'm the one that gave you away.**

"That" se puede utilizar tanto para cosas como para personas, aunque para personas solamos usar **"who"**.

"That" como complemento

Ahora verás a **"that"**, refiriéndose a partes de la oración que actúan como complementos. Fíjate que en estos casos es optativo decir el pronombre. A partir de ahora pondremos el pronombre entre paréntesis cuando sea optativo.

(Ella) no puede llevar puesto nada que ya haya llevado.	**She can't wear anything (that) she's already worn.**
Es el mismo vino que tomamos en la cata de vinos.	**It's the same wine (that) we had at the wine tasting.**
¿No es él el hombre con quien ella se casó por despecho?	**Isn't he the man (that) she married on the rebound?**
¡Mira el pez que he pescado!	**Check out the fish (that) I caught!**
Esas son las lentillas que quiero decir.	**Those are the contact lenses (that) I mean.**

"That" también se puede omitir cuando actúa como conjunción: **"He said (that) he's sorry"**.

"Who" como sujeto

Veamos ahora unas frases con **"who"** como sujeto, que se utiliza principalmente cuando hablamos de personas. Nunca dupliques el sujeto diciendo cosas como: **"The boy who he plays tennis"**, ¡que con el pronombre relativo ya sobra!

¿Es John el que nunca paga ninguna ronda?	**Is John the one who never pays a round?**
Los candidatos que **acierten** todas las repuestas entrarán primero.	**The candidates who get all the answers right will go in first.**
El espía que lo averiguó fue encerrado.	**The spy who found out was locked up.**
Ese es el dictador que dirigió el país durante años.	**That's the dictator who led the country for years.**
¿Conoces al dramaturgo que escribió esta obra de teatro?	**Do you know the playwright who wrote this play?**

¿Has visto una de las formas que tenemos de decir **'acertar'**? **"To get something right"**.

"Whom" como complemento

Aunque ya sólo se oye o mejor dicho, se lee, **"whom"** en contextos formales, bien está conocerlo. Se puede sustituir por **"who"** perfectamente, y se refiere tanto a complementos directos como indirectos. Lo mejor es verlo con ejemplos:

Me gusta la gente en quien puedo confiar.	**I like people (whom) I can trust.**
A quien pueda interesar:	**To whom it may concern:**
Los soldados que capturaron fueron liberados en junio.	**The soldiers (whom) they captured were released in June.**
¿A quién le dirigiste la carta?	**(Whom) did you address the letter to?**
La musa que el poeta amó vivió en esta casa.	**The muse (whom) the poet loved lived in this house.**

El segundo ejemplo es una frase hecha en la que **"whom"** no se puede omitir.

"Which"

Al referirnos a cosas y conceptos, y no personas, utilizamos **"which"**. Se suele traducir por **'el cual'**, **'la cual'**, **'lo cual'**, **'los cuales'** y **'las cuales'**, y se puede sustituir por **"that"**. Cuando se traduce por **'lo que'**, como en el segundo ejemplo, no se puede sustituir por **"that"**.

Tu informe, **que / el cual** estaba muy bien escrito, arrojó algo de luz sobre el tema.	Your report, which was very well written, shed some light on the matter.
Todos llegamos a tiempo, **lo cual / lo que** ayudó a que las cosas marcharan con fluidez.	We all made it on time, which helped things run smoothly.
El edificio, **que / el cual** será derribado en mayo, ha sido desalojado.	The building, which will be torn down in May, has been cleared.
Este es el anillo **que** se había ido por el sumidero.	This is the ring which had gone down the drain.
Este es el anillo **que** (yo) había perdido.	This is the ring (which) I'd lost.

🛈 En el penúltimo ejemplo, **"which"** actúa de sujeto, así que es obligatorio decirlo. En el último ejemplo **"which"** actúa de complemento directo, así que se podría omitir.

"Where"

Y pasemos con **"where"** que, como habrás adivinado, se utiliza para aludir a lugares ya mencionados en la oración. Recuerda que el pronombre relativo se usa para no repetir una parte de la frase que ya ha salido, y a la que necesitamos referirnos de nuevo.

La región **donde** crecen estos abetos está en el norte.	The region where these fir trees grow is in the north.
¿Conoces el garito **donde** quiere llevarnos?	Do you know the joint where he wants to take us?
¿Es ahí **donde** se supone que tengo que dormir?	Is that where I'm supposed to sleep?
Al menos es aquí **donde** lo enterramos.	At least this is where we buried it.
Ese es el pueblo **donde** las calles no tienen nombre.	That's the town where the streets have no name.

🟢 La palabra **"joint"** tiene varios significados. Aquí hemos usado uno de los menos poéticos: el de **'garito'** o **'antro'**.

"Whose"

Aparte de para preguntar **'de quién es algo'**,
usamos **"whose"** para decir: cuyo-a-os-as.

Ellos son los vecinos cuyo perro me mantiene despierto toda la noche.	**They're the neighbours whose dog keeps me up all night.**
¿Es el perro cuyas galletas saben a pescado?	**Is it the dog whose biscuits taste like fish?**
Ahí está el fantasma cuya voz no dejo de oír.	**There's the ghost whose voice I keep hearing.**
Jim es el chico cuya madre es mitad irlandesa.	**Jim's the guy whose mum's half Irish.**
¿Es esa la banda cuyo líder mató a un poli?	**Is that the gang whose leader killed a cop?**

⚠ Por si las dudas, **"whose"** también se puede utilizar para cosas, no sólo para personas.

"Why"

"Why" actúa como pronombre relativo cuando hablamos de la razón por la que algo sucede. En los ejemplos de abajo hemos dejado a **"why"** entre paréntesis, para indicar que se puede sustituir por **"that"**, o bien omitirlo.

Tú eres la razón por la que estoy aquí.	**You're the reason (why) I'm here.**
Ella nos explicó la razón por la que él la dejó.	**She explained to us the reason (why) he left her.**
Dudo que esa sea la razón por la que (él) lo hizo.	**I doubt that's the reason (why) he did it.**
Nadie se acuerda de la razón por la que él la eligió.	**No one can remember the reason (why) he chose her.**
Esa es la razón por la que te lo digo.	**That's the reason (why) I'm telling you.**

🌿 Acuérdate de cómo decimos **'por eso'** en inglés: **"That's why"**.

Do you know...?

Este mes vamos a darle un buen repaso a la forma de hacer preguntas indirectas, error muy común en la mayoría de los españoles. Lo más importante es grabarse que el orden de las palabras será como en una frase normal: sujeto + verbo.

¿Sabes por qué la Tierra gira en torno al Sol?	**Do you know why the Earth revolves around the Sun?**
¿Sabes dónde puede (él) haberse dejado sus zapatillas de andar por casa?	**Do you know where he might have left his slippers?**
¿Sabes qué hora es?	**Do you know what time it is?**
¿Sabes si el vuelo ha sido secuestrado?	**Do you know if the flight has been hijacked?**
¿Sabes cuánto se tarda en acostumbrarse a ello?	**Do you know how long it takes to get used to it?**

Empleamos **"to hijack"** cuando hablarnos de secuestrar un avión, un barco, etc... y utilizamos **"to kidnap"** cuando hablamos del secuestro personas.

Could you please tell me...?

Otra forma de empezar preguntas indirectas, un poco más formal, es la que veremos ahora. Fíjate otra vez en que no hay verbos auxiliares y en que el verbo va después del sujeto.

¿Me podría decir, por favor, cuánto cuestan esos?	**Could you please tell me how much those are?**
¿Me podría decir, por favor, cuándo sale el próximo tren?	**Could you please tell me when the next train leaves?**
¿Me podría decir, por favor, si estas flores florecen en esta época del año?	**Could you please tell me if these flowers bloom this time of year?**
¿Me podría decir, por favor, dónde está la farmacia más cercana?	**Could you please tell me where the nearest chemist's is?**
¿Me podrías decir, por favor, cómo la convenciste para que lo hiciera?	**Could you please tell me how you talked her into doing it?**

El verbo no queda necesariamente al final de la frase si hay complementos que le tienen que seguir.

Can you remember...?

Y seguimos adelante, ahora con **"to remember"**. ¿Has notado que el verbo auxiliar que le suele acompañar es **"can"**? Veamos ahora unos ejemplos, pero no dejes de practicarlo tú en casa.

¿Recuerdas el quinto ingrediente que (él) añadió al guiso?	**Can you remember the fifth ingredient he added to the stew?**
¿Te acuerdas de dónde aparcamos la furgoneta?	**Can you remember where we parked the van?**
¿Te acuerdas de para qué vinimos aquí?	**Can you remember what we came here for?**
¿Recuerdas a qué hora nació tu hija-o más joven?	**Can you remember what time your youngest (child) was born?**
¿Te acuerdas de cuando aceptaban cheques en todos los sitios?	**Can you remember when they used to accept checks everywhere?**

🍃 En el cuarto ejemplo podemos omitir **"child"**, porque se sobreentendería que queremos decir hijo/a.

Do you think ... ?

¿Cuántas veces habrás empezado preguntas indirectas con: **"Do you think..."**? Unas cuantas, ¿no? Pues ahora lo que hace falta es que no te olvides de la estructura para formar correctamente las frases indirectas. Recuerda: sujeto + verbo

¿Crees que se quejarán muchos clientes por el nuevo horario?	**Do you think a lot of customers will complain about the new timetable?**
¿Crees que (ella) dirá que sí, si me declaro?	**Do you think she'll say "yes" if I propose?**
¿Crees que es buena idea?	**Do you think it's a good idea?**
¿Crees que fue elegido gracias a sus habilidades profesionales?	**Do you think he was appointed thanks to his professional skills?**
¿Crees que nos ganarán el domingo?	**Do you think they'll beat us on Sunday?**

❶ En el quinto ejemplo no podríamos utilizar el verbo **"to win"**. Cuando hablamos de **'vencer a alguien'**, usamos **"to beat"** o **"to defeat"**.

Could you please let me know...?

Segimos con las preguntas indirectas y vamos ahora con la construcción **"let me know"**, cuya traducción literal (házmelo saber) es poco frecuente en castellano, por lo que la hemos adaptado un poco para que suene más natural.

¿Me podría decir, por favor, cuánto tiempo durará la reunión?

Could you please let me know how long the meeting will last?

¿Me podría decir, por favor, por cuál de las puertas debo pasar?

Could you please let me know which door I should go through?

¿Me podrías decir, por favor, si ya se han decidido?

Could you please let me know if they've made up their minds yet?

¿Me podrías decir, por favor, qué más necesito hacer?

Could you please let me know what else I need to do?

¿Me podrías decir, por favor, por dónde se fueron?

Could you please let me know which way they went

Una de las formas de decir **'decidirse'** es: **"to make up one's mind"**.

Do you happen to know...?

Curiosamente, si respondes a este tipo de preguntas con la misma fórmula, puedes sonar un tanto pedante. Es preferible responder directamente a decir cosas como: **"Yes, I happen to know what the name of this street is"**.

¿Sabes por casualidad de qué están hablando?

Do you happen to know what they're talking about?

¿Sabe (ud.) por casualidad hacia dónde nos dirigimos?

Do you happen to know where we're heading?

¿Sabes por casualidad para qué es el botón de abajo?

Do you happen to know what the bottom button's for?

¿Sabe (ud.) por casualidad cuántos años tienen estos coches de segunda mano?

Do you happen to know how old these second-hand cars are?

¿Sabes por casualidad quién es el hombre de pie delante de la tienda?

Do you happen to know who the man standing in front of the shop is?

Recuerda no anteponer el verbo al sujeto por muy largo que éste último resulte, porque es siempre en estas ocasiones cuando caéis en la trampa y falláis.

May I ask you...?

Ésta expresión que nos encanta a los angloparlantes es una de las formas más educadas y comunes de introducir una pregunta indirecta. También oirás: **"Could I ask you ...?"**, **"Can I ask you...?"**, que vienen a ser lo mismo.

¿Puedo preguntarte dónde te hacen las uñas?	**May I ask you where you get your nails done?**
¿Le puedo preguntar (a ud.) cómo es eso posible?	**May I ask you how that's possible?**
¿Les puedo preguntar (a uds.) quién les permitió que entraran aquí?	**May I ask you who allowed you to come in here?**
¿Me permite preguntarle (a ud.) para qué está haciendo cola todo el mundo?	**May I ask you what everyone's standing in line for?**
¿Puedo preguntaros cómo pensáis libraros de ellos?	**May I ask you how you're planning to get rid of them?**

🌐 Fíjate en el tercer ejemplo: como el sujeto es **"who"**, la pregunta queda igual de forma indirecta que directa, ya que tampoco podríamos usar un auxiliar en la pregunta directa: **"Who allowed you to come in here?"**.

Could you remind me...?

Por último, otra estructura que resulta frecuente en inglés, pero en castellano quizá no tanto. Para asimilarla tendrás que practicar hasta la saciedad siempre recordando formular la pregunta indirecta en su correcto orden.

¿Podrías recordarme por qué me hice marinero?	**Could you remind me why I became a sailor?**
¿Podríais recordarme dónde lo dejamos la semana pasada?	**Could you remind me where we left off last week?**
¿Podrías recordarme de qué sirve hacer esto?	**Could you remind me what the point in doing this is?**
¿Podrías recordarme cuánto dinero necesita (él) conseguir?	**Could you remind me how much money he needs to come up with?**
¿Podríais recordarme de qué va todo esto?	**Could you remind me what this is all about?**

🌐 Existen tres formas de preguntar: **'De qué sirve...?'** y son las siguientes: **"What's the point in...?"** **"What's the use of...?"** y **"What good is it...?"**.